JN125607

Master of Business Administration

MBAのための
ケース分析

小樽商科大学ビジネススクール [編] 三訂版

Case Analysis

同文舘出版

はじめに

　MBAという言葉が珍しくなくなってきた。関連する出版物も書店に所狭しと並んでいる。さらなる差別化を模索するMBAホルダーも増えている。その一方で、急速なAIの進展は、人間が学ぶことの重要性を下げているというように感じている人も多いのではないだろうか。いや、本書を手にされた方は、MBAホルダーはAIに負けない分析力を習得するべきであって、AIに委ねていては成長しなくなる、と感じているかもしれない。

　数多くのMBA本にあって、本書はケースを多面的に分析し、問題点を抽出し、解決策を講じるための方法を実践的に示しているところに特徴がある。多面性と実践性が類書には少なく、これまで大学の学部や大学院だけではなく、企業研修の教科書としても使われている理由だと筆者達は考えている。扱っているケースがリアルであるところも市場で受け入れられている要因だろう。それ故、ケースはアップ・トゥ・デートなものでなければならず、更新が不可欠である。今回、JINSをケースとした第3版を送り出すこととした。

　本書の構成は初版、改訂版から変更していない。第1章ではケース分析の意義と方法を論じ、第2章ではケースレポートの書き方とケースプレゼンテーションの方法を説明し、ここまでを第1部基本編としている。第3章から第5章までは第2部実践編として、第3章でケースを記述し、第4章ではケース分析の具体例としてケースレポートを紹介し、第5章ではケースプレゼンテーションを紹介している。第3部の分析ツール編では、第6章で財務・会計に関するツールを、第7章ではマーケティングに関するツールを、第8章では組織に関するツールを、第9章では戦略に関するツールを説明している。分析ツールの順序はケース分析の順序と同じになっているので、第4章や第5章を読むときには、使っているツール自体の目的や方法を参照して欲しい。

ケースを真新しいものにしたことに加えて、第2章では引用の方法について書き加えた。ケースレポートといえども客観性が重要であり、事実と意見を区別すべきことが厳格に求められているからである。第8章では、経営学の発展も踏まえて、ツールを整理し、説明を加えている。理論を正しく理解してこそ、ツールとして実践に適用することができるからである。

　2004年に小樽商科大学は大学院商学研究科アントレプレナーシップ専攻（専門職大学院）を開設し、本年は第17期生を迎えている。この間、カリキュラムは若干の手直しがあったものの、ケーススタディとビジネスプランニングを2本柱とする体系は変わっていない。ケーススタディⅠの教科書として誕生した本書は、授業という実践の場で使われてきた。JINSのケースも開発後、授業に下ろされ、履修生が他の授業で学んだ分析ツールを適用して分析し、グループで議論を重ね、ケースレポートとして分析結果がまとめられた。教師チームはケースレポートの採点を通じて、ケースを熟成させてきた。これらの過程を経る中で、本書のケース分析には旨みが凝縮されている。読者には味読していただきたい。そして、ケース分析の方法を是非、他のケースに適用して分析し、ケースレポートを執筆する、という次のステージに進んでいただきたい。

　第3版も多くの貢献があって完成しました。ケースメソッドを手ほどきしていただいた関西学院大学大学院経営戦略研究科の佐藤善信先生には執筆もしていただきました。授業で活発に議論してくれた、今やMBAホルダー達の貢献があればこそ本書ができました。ケースレポートとケースプレゼンテーションは修了生の秋田貴之氏と三上淳氏に現役時代を上回るものを寄せてもらいました。

　最後に、本書初版から刊行をお引き受けいただいている同文舘出版株式会社社長中島治久氏、チーム作業の緩慢な進みに倦まず編集いただいた同社編集部大関温子氏に深く感謝申し上げます。

2020年7月

著者一同

著者略歴（五十音順）

秋田　貴之（4章）
　　小樽商科大学大学院商学研究科アントレプレナーシップ専攻修了。MBA。

猪口　純路（7章）
　　小樽商科大学大学院商学研究科アントレプレナーシップ専攻教授。
　　神戸大学大学院経営学研究科博士後期課程単位取得退学。

北川泰治郎（3章、9章）
　　小樽商科大学グローカル戦略推進センター産学官連携推進部門教授。
　　小樽商科大学大学院商学研究科アントレプレナーシップ専攻修了。MBA。

近藤　公彦（1章、7章）
　　小樽商科大学大学院商学研究科アントレプレナーシップ専攻教授。
　　神戸大学大学院経営学研究科博士後期課程単位取得退学。

堺　　昌彦（3章、4章）
　　小樽商科大学大学院商学研究科アントレプレナーシップ専攻教授。
　　一橋大学大学院商学研究科博士後期課程単位取得退学。博士（商学）。

佐藤　善信（1章、2章）
　　関西学院大学大学院経営戦略研究科教授
　　神戸商科大学大学院経営学研究科博士後期課程単位取得退学。

玉井　健一（2章、9章）
　　小樽商科大学大学院商学研究科アントレプレナーシップ専攻教授。
　　広島大学大学院社会科学研究科博士後期課程単位取得退学。博士（経済学）。

西村　友幸（3、8章）
　　小樽商科大学大学院商学研究科アントレプレナーシップ専攻教授。
　　北海道大学大学院経済学研究科博士課程修了。博士（経営学）。

簑本　智之（2章、6章）
　　小樽商科大学大学院商学研究科アントレプレナーシップ専攻教授。
　　一橋大学大学院商学研究科博士後期課程単位取得退学。

三上　　淳（4章、5章）

　　かもめソリューションズ（企業研修・人材コンサルティング会社）代表。
　　小樽商科大学大学院商学研究科アントレプレナーシップ専攻修了。MBA。

●目　次

第1部　基本編

第2部　実践編

第3部　分析ツール編

第1部
基本編

第1章
ケース分析の意義と方法

　ケースメソッドは、1878年にハーバード・ロースクールのラングデル教授がはじめて導入したといわれています。1908年には、すでにハーバード・ビジネススクールにおいてケースメソッドが使われていました。それ以来、ケースメソッドは先進的な教育機関によって採用され、ほぼ1世紀の間、ビジネススクールにおいて使用されています。

　しかし、長年使われてきたにもかかわらず、ケースメソッドとは何か、ケース分析とは何かについて誤解されている部分があるようです。本章は、ケースメソッドの概要を説明し、ケース分析をいかに進めるべきかについてのガイドラインを示します。ケースメソッドを使った学習プロセスの本質は、次のことわざに表されています。

> "Tell me, I'll forget;
> Show me, I may remember;
> Involve me, I'll understand."　（作者不明）

　このことわざは、「説明されただけでは忘れてしまうが、見せてもらえば覚えることができる。一番よい方法は実際にやってみることだ」という意味です。ビジネスの現場でも、「実践の中で学習するのが一番」といわれていますが、企業内での重要な意思決定に参加できる機会は一部の人に限られています。ケースメソッドは、ケースによる疑似的な経験を通して、優れた経営者や管理者になるために必要な判断力、意思決定力、問題解決

力を身につけるための方法論です。伝統的な大学・大学院教育では、理論書や事例を読み、教員から説明を受けたり、議論することが中心でしたが、こうした方法ではビジネスの実践的知識を身につけることは難しいといえます。ケースメソッドは、リアルな体験に近い状況をつくり出し、その中で問題を解決したり、意思決定する機会を提供する教育方法です。

　本章では、次の点について説明します。

---

① ケースメソッドとは何か
② ケースメソッドのタイプ
③ ケースメソッドの目的と利点
④ ケース分析の手順
⑤ 基本分析ツールとしてのSWOT分析
⑥ ケース分析の注意点

---

1. ケースメソッドとは何か

　ケースメソッドは、学部や大学院において広く使われている教育方法です。ケースメソッドは法律やビジネスの分野だけでなく、他の分野においても使われていますが、本章はビジネス教育への応用に焦点を絞って説明します。ケースメソッドを理解するためには、ケース、ケース分析、ケースメソッド、ケーススタディを区別しなければなりません。

①ケース

　ケースとは「経営に関する出来事や状況を記述したもの」と定義することができます。言い換えると、ケースは組織に生じたさまざまな出来事やマネジャーの行動を記述したものです。ケースの中には、企業の歴史、マーケティングや財務等の情報、経営陣や社員の意見、競合や産業に関する

情報が含まれています。

　ケースには、企業全体を扱ったものもあれば、財務・会計、マーケティング、人的資源管理、研究開発、ロジスティクスといった特定の機能部門に焦点をあてたものもあります。また、特定の事業部門について書かれたケースもあります。第3章で紹介するジンズのケースは、全社的視点に立ったケースです。たとえば、ジンズのケースの見出しは以下のとおりです。

・創業からメガネ業界への参入
・ビジョン策定による改革と再成長
・機能性アイウエアの開発　〜JINS PCの開発と市場の創造〜
・オペレーションの混乱と新ビジョン下での戦略の転換
・近年のメガネ市場と競合企業の動向
・さらなる成長への挑戦と課題

　ここで注意していただきたいことは、ケースの中には分析が入っていないという点です。ケースは、企業を取り巻く環境や企業の状況に関する事実の記述であり、それらに対する解釈・分析は含まれていません。ケースを分析する責任は読み手の方にあるのです。

②ケース分析

　ケース分析とは、ケースに書かれている企業についての記述の中から、その企業が抱えている問題点を発見し、解決策を考える作業を指します。繰り返しますが、こうした分析部分はケースに書かれていません。ケース分析を行うのはあくまでもケースの読み手です。ケースをどのように分析すべきかについての詳しい手順は後ほど説明しますが、基本的には次のような6つのステップを踏みます。

① ケースの理解

② 問題点の探索

③ 問題点の明確化

④ 複数の解決策の検討

⑤ 解決策の評価と選択

⑥ 実行プランの提示

これら6ステップの前半部分である①から③は問題発見、後半部分の④から⑥は解決策の検討に区分できるでしょう。つまり、ケース分析とは、ケースに書かれている企業の抱える問題点を発見し、解決策を提示することを意味しています。

ケース分析の内容は、教室でのディスカッション、文書によるレポート、口頭でのプレゼンテーションなど、いくつかの異なる形で提示されます（図1-1）。最も典型的なのは、ビジネススクールにおけるケースディスカッションです。学生は、授業がはじまる前にあらかじめ与えられたケース課題を分析してから、教室でのディスカッションに参加します。その際、教室の中で口頭プレゼンテーションが求められる場合もあるでしょう。また期末テストでは、「所定時間内でケースを読み、ケース分析レポートを提出せよ」という形の試験が課されることがあります。

以上の説明で、ケースとケース分析の違いをおわかりいただけたかと思います。ケースメソッドとは、事実の記述であるケースを分析することで問題解決力、意思決定力を養う教育方法です。

図1-1　ケースメソッドの概要

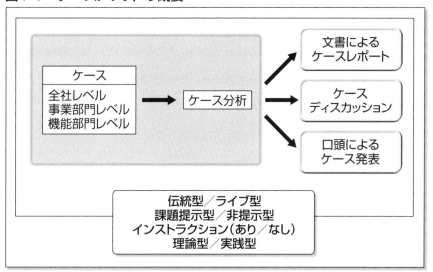

■③ケースメソッドを活用した授業の流れ

　ここで、ビジネススクールにおけるケースメソッドを活用した授業の流れについて説明しましょう。全体の流れを授業前、授業中、授業後に分けると、学生は図1-2に示した活動を行う必要があります。まず授業前には、①ケースを読み、②ケースの状況を分析し、とるべきアクションを考え、③再びケースを読み、自分の分析結果を客観的に評価します。授業中には、④ケースについてのディスカッションに参加します。そして、授業が終了した後は、⑤ディスカッションで出された重要なアイデアや事柄についてまとめておきます。

　しかし、一口にケースメソッドといっても、さまざまなタイプが存在します。次項では、ケースメソッドのタイプを紹介します。

図1-2　ケースを利用した授業に必要な活動

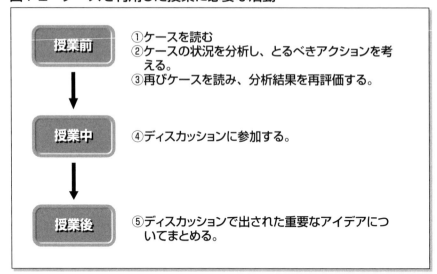

2. ケースメソッドのタイプ

①伝統型とライブ型

　第1に、伝統型とライブ型のケースメソッドがあることを理解してください。伝統的なケースメソッドでは、ケースの中に書かれている情報だけを使って分析を行います。たとえ参加者がケースに登場する企業について詳しい事実を知っていたとしても、ケースに書かれていない情報をもとに議論してはいけません。これは、限られた情報の中で意思決定する能力を養うというケースメソッドの目的を意識したやり方です。これに対してライブ型のケースメソッドでは、参加者が持っている情報や最新情報を追加してケースの情報を補います。このタイプは、比較的自由にディスカッションを行うやり方です。

②課題提示型と非提示型

第2に、ケースメソッドには、議論や分析する際の課題が提示されているものと、課題が示されていないものがあります。後者のタイプのケースメソッドでは、参加者がケースの中から対象企業の問題点を発見することが重要になります。現実のビジネスにおいては、自分の頭で判断して自社が抱える問題点を見つけ出さなければならないことを考えると、課題が示されていないケースメソッドは、より現実に近い状況を提供しているといえます。ビジネススクールでは、上級クラスになるほど課題が示されないケースメソッドが増えてきます。

③インストラクションの有無

第3に、どの程度まで教員が分析方法を提示するかによってケースメソッドを分類することができます。この点から授業の形態を分類すると、次の3つのアプローチに分かれます。

---

① デモンストレーション・アプローチ：

これがケースです。まず、私がどのように分析するのかを見せます。

② インストラクション・アプローチ：

これがケースです。まず、私が分析方法を教えます。

③ ダーウィン・アプローチ：

これがケースです。さあ、分析しなさい。

デモンストレーション・アプローチとは、どのようにケースを分析すればよいかについて教員が手本を示す方法です。本書は、4章でジンズのケース分析例を載せていますので、このアプローチを採用しているといえます。インストラクション・アプローチは、ケース分析の方法論は提示しますが、実例は示さないやり方です。本書の6章以降では、このアプローチに習って、ケース分析に役立つと思われる経営理論の分析手法やモデルを

紹介しています。ダーウィン・アプローチは、どのような方法を使ってケースを分析するかは学生に任せ、教員側は一切インストラクションを行わないやり方です。上級者になるほど、このアプローチがとられることが多くなります。

■④理論型と実践型

　第4に、ケースを分析する際に、経営学の諸理論を使用することを奨励する場合と、理論は使わずに自分の経験や判断力のみで検討することを重視する場合があります。ケースメソッドに対するこうした違いは、ビジネススクールのスタイルや伝統に関係しているようです。たとえば、ハーバード・ビジネススクールでは、理論を使わずに自分の言葉でケースを分析することを重視しているのに対し、スタンフォード・ビジネススクールでは、経営学の理論や概念を使用したケース分析が行われることが多いといわれています。本書は、分析ツールを使ったケース分析を重視しているという点で、スタンフォードタイプのケースメソッドに近いといえるでしょう。

　ここで注意しなければならないのは、学術研究としてのケーススタディと教育方法としてのケースメソッドとの違いです。学術研究としてのケーススタディは、特定の企業や部門の事例を分析することにより、そこから理論的な原理や原則を発見するために行われるもので、一般的に実証研究と呼ばれています。学術的なケーススタディの目的は、社会科学の方法論にもとづいて仮説を発見・検証することを通して、理論をつくり上げることにあります。ケース分析と同じように分析をしているので、一見同じことをしているように思われがちですが、分析の目的が違うことに注意してください。ケーススタディが理論的な原理・原則を発見することを目的として行う学術研究であるのに対して、ケースメソッドはビジネス上の意思決定力、問題解決力を高めることを目的として行われる教育方法なのです。ただし、ときにケーススタディという用語がケースメソッドの意味で使われる場合や、ビジネス雑誌の記事など単なる企業の事例紹介の意味で使わ

れる場合もあります。ケーススタディという言葉が、学術研究、教育方法、企業事例の紹介のいずれの意味で使われているのかを見極めることが重要です。

3. ケースメソッドの目的と利点

　ケースメソッドを活用した教育の目的は、曖昧で複雑なビジネス状況において論理的で創造的なアクションプランをつくり出す能力を養うことにあります。つまり、ケースメソッドは曖昧な状況における問題解決および意思決定の練習なのです。ケースメソッドの目的は、あくまでも論理的な思考能力を高めることにあります。ケース分析で必要とされる批判的な思考方法や問題解決スキルを習得するには、時間をかけて訓練しなければなりません。

　ケースメソッドの利点は、次のようにまとめることができるでしょう。

①現実世界を疑似的に体験できる

　ケースを使うことによって、おそらく学生が直接経験してこなかった組織的問題を疑似的に経験することができます。ケース分析というシミュレーションを通して意思決定能力を磨くことは、現実世界における組織上、マネジメント上の問題を解決するうえで役立つと考えられます。

②理論の意味が理解できる

　ケースメソッドは、学生が大学・大学院で学んできた理論や分析手法の意味や意義を明らかにしてくれます。たとえば、比率分析、予測モデルのような定量的（数値的）分析能力や、経営に関する概念、意思決定のためのモデルといった定性的な分析スキルを使ってケースを分析することにより、それらの理論やツールが持つ意味を理解することができます。

③ビジネスを統合的に理解できる

　ケースメソッドは、いかにビジネスが運営されているかについて統合的に理解することを助けてくれます。ケースを分析する際には、全社的な観点からビジネス上の問題を検討することが重要となるため、学生は財務・会計、マーケティング、人的資源管理、研究開発といった異なる活動が結びつけられて企業が運営されていることを実感できるのです。

④集団運営スキルが身につく

　ケースメソッドは、自分のアイデアを他者に伝えるという機会を提供します。つまり、クラスディスカッションに参加することで、コミュニケーション力を磨くことができるのです。また、グループディスカッションでは、チームとして課題を考える集団プロセスについて学ぶことができます。

　以上のように、学生はケースを分析することを通して論理的思考能力、問題の診断力、コミュニケーション力、意思決定力といったマネジメント・スキルを高めることができるのです。

4. ケース分析の手順

　ケースメソッドを活用した授業の核となるのがケース分析です。すでに述べたようにケースメソッドの形態には、ケースディスカッション、文書によるケースレポート、口頭プレゼンテーションがありますが、いずれにおいてもケース分析を行わねばなりません。ケース分析の手順は図1-3に示すように6つのステップからなります。

ステップ1：ケースを理解する

　ケース分析の第1のステップは、ケースを読み、ケースに書かれている状況を疑似体験し、事実を理解することです。このとき、最低3回はケースを読みましょう。1回目は、事実をつかむために速読します。2回目は、

図1-3 ケース分析のステップ

ステップ1 ケースを理解する
ケースを読み、ケースの状況を疑似体験する。

ステップ2 問題点を探索する
企業の強みと弱みを検討することを通して、
問題が存在する領域を探る。

ステップ3 問題点を明確化する
解決すべき問題点を明確な言葉で説明する。

⎫
⎬ 問題点の把握
⎭

ステップ4 問題解決のための代替案を考える
問題点を解決するための代替案を考える。

ステップ5 代替案を評価し選択する
各代替案の効果とリスクを検討し、推奨案を
選択する。

ステップ6 実行プランを提示する
推奨案を実行するための計画を提示する。

⎫
⎬ 解決策の提示
⎭

丁寧にケースを読み、何が問題となっているかを見つけます。3回目は、自分の持っている仮定をチェックし、ケースに書かれていないことを推論しながら読みます。

　事実を把握する際に気をつけるべきことは、誰が、何を、いつ、どこで、どのようにという点を確認することです。何がわかっているのかを確認し、重要ポイントを見極める必要があります。ただし、解決にとって重要ではない情報が意図的にケースに含まれていることがあるので、気をつけましょう。

■ステップ2：問題点を探索する

　次に、ケースに書かれている企業の強みと弱みを検討することを通して、問題が存在する領域を探ります。このとき、問題を多角的に考えることが重要になります。以下の点に注意して、問題点の理解を深めましょう。

- ・問題をリスト化する
- ・核となる問題を特定する
- ・問題と関係する人物の目標を確認する

　問題を把握する最初のステップは、まず問題の兆候をリスト化してみることです。そのうえで核となる問題点を特定し、問題に関係する人々がどのような目標を持ち、誰が何を求めているのかを確認します。

ステップ3：問題点を明確化する

　問題を多角的に検討した後には、解決すべき問題点を明確な言葉で説明しなければなりません。このとき、以下の2つの点に注意しましょう。

- ・短期的問題と長期的問題の区別
- ・問題の優先順位

　企業には、短期的に解決することができる問題と解決に時間を要する問題が存在するので、短期的問題と長期的問題を区別しなければなりません。そして、問題には重要度に違いがあるので、問題の優先順位をつける必要があります。

ステップ4：問題解決のための代替案を考える

　問題点が明確になったら、問題点を解決するための代替案を3つ以上考えます。代替案を考える方法には次のようなものがあります。

- ・過去の経験
- ・理論、モデル、分析手法
- ・創造性

第1に、自分の過去の経験です。以前に似たような問題を解決したことがあれば、そのときの解決策が有効になるかもしれません。第2の方法は、経営学における理論・モデル・分析手法を使うことです。この点に関しては後述します。代替案を検討するための第3の方法は、皆さんの創造性を働かせて新鮮な解決策を考え出すというやり方です。これら3つの方法を駆使して、優れた解決策を出してください。

■ステップ5：代替案を評価し選択する

　問題を解決するための代替案が揃った後は、各代替案の期待される効果と想定されるリスクを検討して、企業や部門が実行すべき推奨案を選択しなければなりません。期待される効果は、収益性のような定量的なものと従業員のモチベーション向上のような定性的なものがあります。想定されるリスクとは、解決策を実行後、最も起こりそうなシナリオから外れたシナリオに陥る可能性のことです。効果とリスクは可能なかぎり網羅的に考察することが重要ですが、代替案の最も重要な評価基準は、代替案を実施することによって問題が解決され、成果が出るかどうかという点です。この点を検討するためには、以下に挙げるような基準があります。

・組織の現状との整合性
・実施にかかる時間
・実施のタイミング
・他社との差別化

　第1に、各代替案が組織の現状にフィットするかという視点から評価します。いくら解決策そのものが優れたものでも、当該企業が実行可能なものでなくては絵に描いた餅になってしまいます。第2に、代替案を実行するのにどのくらいの時間がかかるのかを考えます。ステップ3（問題点の明確化）においても、長期的問題と短期的問題を区別することの重要性を

指摘しましたが、解決策を検討する場合にもこの点を考慮する必要があります。第3に、代替案をいつ実行すべきかを検討します。今の時点で代替案を実行することが適切か、もしできなかったら、どの時点で実行できるかを考える必要があります。最後に、代替案を実施したときに、競合他社との競争に勝つことが可能かどうかを検討します。これらの評価基準を用いて総合的に判断し、代替案の有効性を評価しなければなりません。

ステップ6：実行プランを提示する

　複数の代替案から推奨案を選択した後は、推奨案の実行プランを提示します。通常、どのように実行するのかについてさまざまな疑問が出されると予想されますが、以下の点をあらかじめ検討しておくことで、推奨案の実行可能性を高めることができます。

　・経営資源の制約
　・コントロールシステム
　・コンティンジェンシープラン

　第1に、企業が保有する現在の経営資源でプランを実行することができるかを考慮しなければなりません。この場合の経営資源とは、資金、設備、人的資源に加えて、ノウハウ等の知的資源も含みます。第2に、実行プランをコントロールするための体制が整っているかどうかという点です。これは第1の点とも関係しますが、戦略を実行するための仕組みがあるかどうかと関連しています。第3に、プランが意図したとおりに機能しない場合の対策を立てなければなりません。あらかじめ考えうるシナリオを想定しておき、それらに対処できるような柔軟性のあるプランをつくる必要があります。

　これまで説明した流れをまとめると、12ページで示した図1-3のようになります。すでに述べたように、ケース分析は非常にシンプルな構造を

しています。つまり、ケース分析の6ステップのうち、ステップ1～3は問題点を把握するための分析であり、ステップ4～6は解決策を提示するための分析です。基本的には、問題点を見つけて、解決策を提示するのがケース分析なのです。

5. 基本分析ツールとしてのSWOT分析

ケースを分析する際には、経営学の各分野で開発された理論や分析手法を使うことが有効です。本書では、こうした理論や分析手法を総称して分析ツール（道具）と呼ぶことにします。分析ツールは、財務・会計、マーケティング、組織、戦略といった経営学の分野ごとに開発されてきました。主な分析ツールは本書の第3部「分析ツール編」（第6～9章）において説明していますので、参照してください。ケースを分析する際には、各ケースの状況に合わせて適切なツールを選ぶ必要があります。

ここでは、ケース分析における基本ツールであるSWOT分析について簡単に紹介しましょう。SWOTとは、Strengths（強み）、Weaknesses（弱

図1-4　SWOT分析の概要

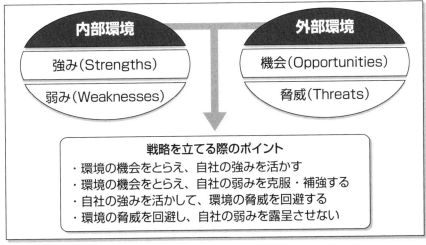

み）、Opportunities（機会・チャンス）、Threats（脅威）の頭文字をとったものです。SWOT分析は、分析手法というよりも、戦略を立てる際の基本的な考え方の枠組みのようなものです。図1-4に示すように、戦略を立てる場合には、まず自社（内部環境）の強みと弱みを把握すると同時に、外部環境に存在する機会と脅威を認識する必要があります。そして、外部環境の機会やチャンスをとらえて、自社の強みを活かしたり、弱みを克服・補強する戦略を立てることが必要です。また、自社の強みを活用することで外部環境に存在する脅威を回避したり、外部環境の脅威に対して自社の弱みが露呈しないようにすることも重要になります。

　ここで、ある外食チェーン会社が戦略を立てる場合を考えてみましょう。たとえば、外食産業では、健康志向を持つ消費者という市場が伸びている一方で、激しい低価格競争という脅威が存在するとします。そして、その外食チェーン会社は、優れた低コスト・オペレーションのノウハウを持っていますが、ブランド・イメージがあまりよくないと仮定してください。このとき、この会社がとるべき戦略は、低コスト・オペレーションという強みを最大限に活かして、低価格の自然食レストランを展開するというものです。その際、同社は、ブランド・イメージの低さという弱みが露呈しないように配慮し、他社との低価格競争を避ける必要があります。

　ただし、SWOT分析のようなツールは主観的になりがちですので、注意してください。2人が別々にSWOT分析をしたときに、同じ結果になることはまれだといわれています。SWOT分析は、あくまでも分析を行う際のガイドとして使いましょう。

6. ケース分析の注意点

　ケース分析は、ケースディスカッション、ケースレポート、口頭プレゼンテーションのいずれの形態においても不可欠ですが、いくつかの陥りやすい落とし穴があります。最後に、ケース分析の注意点について説明します。

①唯一の正しい答えがあるわけではない

ケースメソッドは、唯一の正しい答えを導くことを目的としているわけではありません。重要なのは、さまざまな可能性や選択肢を検討し、その効果とリスクを分析したうえで意思決定を行うことにあります。ケース分析では、推奨案や実行プランを示しますが、そうした案を導くまでのプロセスが論理的で説得力があるかどうかという点が重要なのです。

②現実の結果にとらわれない

ケースを分析する際に、しばしば現実の結果が明らかになっている場合があります。たとえば、「Ａ社はどのような戦略をとるべきか」という課題を分析する際に、すでにＡ社が特定の戦略を選択し、その結果が出ていることがあります。このような場合に、現実に起こったことにとらわれてはいけません。現実の企業の意思決定は、多くの選択肢の中から選ばれた１つであって、正解とは限らないからです。ケースに書かれている状況の中で、どのような代替案があり、どの案を選択することが問題の解決につながるかを考えることが最も重要なのです。すでに起こっている結果にとらわれないようにしましょう。

③「情報不足」は言い訳にならない

ケース分析において「データが不十分である」と指摘する人がいますが、これは言い訳になりません。そもそもケースメソッドとは、限られた情報をもとにして問題を解決し、意思決定するための訓練なのです。学生には、与えられたデータにもとづいて分析することが求められます。ケースに書かれている情報を深く分析し、そこに含まれる意味を読み取りましょう。

④追加情報を要求しない

上記の点に関連したことですが、ケースディスカッションの際、教員に「○○はどうなっているのか、教えてください」という質問をして、追加

情報を引き出そうとする学生がいます。伝統的な大学・大学院の授業では
よく見られる光景ですが、ケースメソッドではこの種の質問をしてはいけ
ません。ケースに書かれていないことは「～を前提とすれば」というよう
に考えましょう。またケースでは取り上げられていないが、その他に重要
な要因がないかどうかを検討することも大事です。その際、「ケースには
書かれていないが、このように考えられる」と推論することも大切です。

⑤ケースの記述を鵜呑みにしない

　ケースには、対象企業がどのような問題点を抱えているのか、なぜ成功・
失敗したのかについて説明されていることがあります。しかし、それらを
鵜呑みにすることは避けましょう。特に、ケースの主人公、業界関係者、
アナリストの説明は一見もっともらしく聞こえますが、これには注意が必
要です。ケースに書かれている情報をもとに、自分の頭で判断することが
重要になります。

⑥問題点や解決策の羅列を避ける

　ケースレポートによく見られることですが、問題点や解決策をただ羅列
するのは避けましょう。企業が抱える問題点はそれぞれ関連し、相互に影
響しあっています。問題点の因果関係、発生の時間的順序、好循環・悪循
環に注目し関連性を分析すると、企業の抱える問題を統合化し、より深く
理解することができます。解決策を提示する際にも、因果関係や重要度を
考えて実施すべき順序を整理すると、より優れた実行プランになります。
複数の解決策の間に、どのような相乗効果が期待できるかを考えるのもよ
いでしょう。

⑦曖昧な分析を避ける

　ケース分析は、具体的かつ明確でなくてはなりません。抽象的な分析や
曖昧な分析は避けましょう。問題点を把握するステップにおいては、より

具体的な情報を使って分析することで具体的な問題点が浮かびあがります。また解決策を提示するステップでは、明確な方向性を打ち出すように心がけてください。

第2章
ケースレポートの書き方と
ケースプレゼンテーションの方法

　本章では、文書によるケースレポートの書き方と、口頭によるケースプレゼンテーションの方法について説明します。文書によるケースレポート（以下、ケースレポート）と口頭によるケースプレゼンテーション（以下、ケースプレゼンテーション）には、いくつかの共通点があります。ただし、説得力のあるケースプレゼンテーションを行うためには、事前にケースレポートを完成させた方がよいでしょう。図2-1に示すように、まずケース分析を行い、それをケースレポートにまとめ、その内容を口頭で発表するという流れが一般的です。本章では、まずケースレポートの書き方について説明した後に、ケースプレゼンテーションの方法について解説します。

図2-1　ケースレポートとケースプレゼンテーションの流れ

1．ケースレポートとは何か

　ケースレポートは、ケース分析の結果をまとめた報告書であり、ケース分析プロセスの核となるものです。図2-2にケースレポートの一般的なアウトラインを示しておきました。ケースレポートには、次のような役割があります。

- ・ケースプレゼンテーションを準備する際の基礎資料
- ・ケースプレゼンテーションにおいて自分を売り込むための営業ツール
- ・ケース分析の結果を他者に伝えるための訓練

　ケースレポートを書いたり発表したりすることは、ケースの分析結果を効果的に他者に伝えるための訓練になります。ビジネス上のキャリアを築くためには、文書や口頭でのコミュニケーション能力は不可欠であるといわれていますが、ケースレポートを作成したり、ケースプレゼンテーションを実施することは、優れたビジネスパーソンになるための訓練として最適です。

図2-2　ケースレポートの流れ

1. エグゼクティブ・サマリー
2. 現行戦略の提示
3. 現状分析と問題点抽出
4. 問題点の整理
5. 戦略的課題の提示
6. 戦略代替案の策定
7. 推奨案の選択と実行プランの作成
8. 想定される結果の予測
9. 付録

2. ケースレポート作成時の注意点

　ケースレポートの目的は、ケース分析の内容をわかりやすく他者に伝えることにあります。ケースレポートに盛り込む内容を決める際には、次の点に気をつけなければなりません。

- ・レポートの目的
- ・時間の制約
- ・読み手がケースに関連する知識をどの程度持っているか
- ・読み手が分析手法に関する知識をどの程度持っているか

　まず、ケースレポートの分析内容は、その目的と一致している必要があります。また、ケースレポートを書くための時間が限られている場合には、その点を考慮して分析手法やボリュームを決めましょう。さらに、レポートを読む人が内容や分析手法についての知識をどの程度持っているかを把握しておくことは、効果的なレポートを書くうえで不可欠です。

　ケースレポートに盛り込むべき内容が決まったら、次にレポートの形式を考えます。ケースレポートは自分を売り込むための営業ツールであることを思い出してください。次の点を考慮しておきましょう。

- ・見栄えがよいか（プロ仕様となっているか）
- ・読み手に配慮してつくられているか
- ・論理的な議論をサポートする根拠が示されているか

　いくら分析内容が優れていても、見栄えが悪いと、読み手が十分に内容を理解することができません。相手に内容が伝わってはじめてコミュニケーションが成り立つわけですから、読み手に配慮し、プロフェッショナルが作成したことが伝わるようにレイアウトを工夫してください。また、一目でその主張と根拠が明確に理解できるように心がけることも大切です。

　以上の注意点に加えて、ケースレポートが客観的ないし科学的でなければならないことを付け加えておきます。客観的ないし科学的とは、レポートの読み手が内容を確認できるものであるということです。そのため、引用を正しく行う必要があります。記事、論文、書籍であれ、さらにそれら

が紙であれ、デジタルであれ、引用箇所を示す必要があります。著者の姓、出版年、頁数を本文の中で（　　）を付けて示し、あるいは脚注で著者の姓、出版年、頁数を示し、詳細な書誌を参考文献として巻末に示すというオーサー・イヤー方式が雑誌論文や図書からの引用が多いときの基本的な方法です。

参考文献リストの書き方

　　著者名［出版年］『文献タイトル』出版社名。

　　著者名［出版年］「論文タイトル」『雑誌タイトル』巻数、（号数）、開始　　ページ番号 - 終了ページ番号。

　　著者名［出版年］「ウェブページのタイトル」ウェブサイトの名称、更　　新日時。URL、（入手日付）。

　　「記事タイトル」『新聞名』発行年月日。

引用箇所と参考文献の書き方の例

＜本文に引用箇所を書く場合＞

　…ROEは収益性と安全性の両者に関連する指標である（簸本［2014］　162頁）

参考文献

簸本智之［2014］「会計情報の利用」小樽商科大学ビジネススクール編『MBAのための財務会計』三訂版、同文舘出版。

＜脚注に引用箇所を書く場合＞

…ROEは収益性と安全性の両者に関連する指標である[1]。

---

1 簸本［2014］162頁。

参考文献

簸本智之［2014］「会計情報の利用」小樽商科大学ビジネススクール編『MBAのための財務会計』三訂版、同文舘出版。

さらに、ケースレポートで図や表を入れる場合は、通し番号とタイトルを付けなければなりません。また、その出所を引用に準じて示す必要があります。なお、自らが作成した場合の出所は、「筆者が作成」とします。参考にした文献がある場合は、「著者の姓［出版年］参照ページ番号に基づいて筆者が作成」とします。

3. ケースレポートの作成手順

それでは次に図2-2に示したアウトラインにそって、どのようにケースレポートを作成すればよいかを説明します。

①エグゼクティブ・サマリー

エグゼクティブサマリーを書く目的は、忙しくてケースレポート全体を読む時間がない企業の役員などに、ケース分析の主要な発見事項をすばやく理解してもらうことにあります。エグゼクティブサマリーには、当該企業が抱える問題点と問題解決のための推奨案が、１ページ程度のスペースに要約されることになります。分析方法や分析結果を詳細に説明する必要はありません。細かい部分を知りたければ、ケースレポートの本文を読めばよいのです。

②現行戦略の提示

　ケースレポートの最初のセクションは、現行戦略の紹介です。このセクションの目的は、読み手にケース分析の背景を理解してもらうことにあります。ケースに記述されている対象企業の概要や、当該企業が属している業界の特性などを簡潔に示しながら、現在実行している戦略を紹介します。このセクションでは、現状を概略的に把握することが目的ですので、詳細な分析や問題点の特定化を行う必要はありません。

③現状分析と問題点抽出

　現状分析では、会計・財務、マーケティング、組織に関わる専門的視点から分析が行われます。会計・財務分析では企業業績に関わる分析、マーケティング分析では顧客や競合企業、市場状況などの外部分析、組織分析では経営資源、組織構造、管理システムなどの内部分析が行われます。これらの分析にもとづき各パートにおける問題点を抽出します。問題点の抽出で重要なことは、各パートの分析から「本質的な問題は何か」を発見することにあります。つまり、分析から見出された外部環境の脅威や組織能力の弱みといった点をそのまま問題点として提示するのではなく、これらの源泉となる背後の問題点を明らかにすることが必要です。本質的な問題点が明確になっていなければ、ケースレポートは説得力を欠くものになってしまいますので注意しましょう。

④問題点の整理

　会計・財務、マーケティング、組織の各パートの分析から抽出された問題点は、それぞれが相互に関連しています。このセクションでは、各パートで抽出されたそれぞれの問題点がどのように関係しているかを明確にしていきます。これらの関係が明確になれば問題の全体構造を理解することができ、解決すべき重要な問題点を特定することができます。

■⑤戦略課題の提示

　解決すべき重要な問題点が特定されれば、競争力や業績向上のために優先して取り組まなければならない中核的な課題、いわゆる戦略的課題が見えてきます。優れた戦略的課題は、次のセクションで示す戦略代替案の策定を方向づける基本方針になります。戦略的課題が、一般的なものになりすぎると代替案策定の方向づけができなくなる一方で、特定化しすぎると代替案を考える幅を狭めてしまうので注意しましょう。

■⑥戦略代替案の策定

　このセクションでは、戦略的課題を解決するための複数の戦略代替案を立案していきます。戦略代替案は全社レベルもしくは事業レベルの活動領域、いわゆる企業ドメインと事業ドメインを意識しながら構築することが必要です。そこでは、顧客は誰か、どんな顧客価値を満たすのか、どんな活動をどんな資源や能力を使って行うのかを明確化し、これらの関係を統合化した戦略を提示することが求められます。なお、戦略代替案は、分析から得られた問題点を解決するためのものなので常にこの点を意識して立案してください。

■⑦推奨案の選択と実行プランの作成

　複数の戦略代替案が策定されれば、どの代替案が有望かを評価します。それぞれの戦略代替案における問題点への対応度に加え、期待される効果、および戦略実施におけるコストやリスクを総合的に比較・評価し、最良の代替案を推奨案として選択します。推奨にあたっては、なぜその戦略が選択されたのかという推奨の理論的な根拠を示しておくことが必要です。また、推奨案を具体化するための実行プランとして、実行のための組織体制や実施のステップを提示することが求められます。

⑧想定される結果の予想

このセクションでは、推奨案を実行した場合に期待される成果を定量化して提示するとともにその根拠を説明します。ケースレポートの結論に相当する部分ですから、表現方法に十分留意して説得力のあるものにすることが求められます。

⑨付録

付録には、作成したケースレポートをより深く知りたい人のために補足情報を盛り込みます。注意しなければならないことは、付録に載せるのはケース分析と直接関係する資料だけに限られます。ページ稼ぎのために、直接関係のない資料を付録に載せるべきではありません。

4. ケースプレゼンテーションの注意点

ケースプレゼンテーションは、自分が考えた解決策を売り込み、他者からの疑問に答える機会を提供してくれます。ケースを口頭発表するときには、次の点に注意しましょう。

・聴衆を知る
・発表場所と設備を確認する
・プロフェッショナルらしく振舞う

①聴衆を知る

まず、聴衆の特性に合うように発表内容を用意しなければなりません。より効果的なプレゼンテーションを行うためには、あらかじめ以下の点を理解しておく必要があります。

- 発表するテーマについて、聴衆がどの程度の知識を持っているか
- 聴衆は、どのような点を知りたいと思っているのか
- 聴衆は、発表内容をどの程度受け入れるか、あるいは抵抗を示すか
- 何人くらいの聴衆が来るのか
- プレゼンテーションの形式はオープンか、クローズドか
  （講演形式なのか、それともフリーディスカッション形式なのか）
- 聴衆は、発表内容に対してどのような質問をすると予想されるか

　聴衆の知識レベル、関心、価値観をあらかじめ理解しておき、それにあわせて発表内容を準備することが重要です。発表後に質疑応答がある場合には、聴衆から出されるであろう質問内容をリスト化し、想定問答集をつくっておくとよいでしょう。聴衆を知ることは、優れたプレゼンテーションを行うための最も重要な条件となります。

②発表場所と設備を確認する

　次に、発表する場所がどこで、どのような設備・機材が揃っているかを確認しましょう。チェック項目は次のとおりです。

- 発表会場はどのくらいの広さか
- 座席はどのようなレイアウトになっているか
- どのような設備を使うことができるか
  （PC、DVDプレーヤー、プロジェクター、ホワイトボードなど）

　会場の広さや座席の配置を考慮して、どのような設備を使うべきかを決めなければなりません。また、会場でどのような設備を使えるかによって発表の準備内容が変わります。ただし、設備や機材は単なる発表の道具であることを忘れてはなりません。

③プロフェッショナルらしく振舞う

　プロフェッショナルらしい態度や言動は、発表内容に対する信頼性を高める効果があります。したがって、発表する際には専門家らしく振舞うように心がけてください。言葉遣いや立ち振る舞いに気をつけることで、「専門家が発表している」という雰囲気をつくり上げることができます。

5.　ケースプレゼンテーションの内容

　ケースプレゼンテーションは、図2-3に示したように序論→本論→結論という３ステップからなります。口頭によるケースプレゼンテーションは、文書によるケースレポートと異なり、限られた時間の中でケース分析の内容を伝えなければなりません。ケースレポートのすべてを発表する時間はありませんので、ポイントを絞って発表することが重要です。

図2-3　ケースプレゼンテーションの流れ

```
    1. 序論
        注意の喚起
        アウトラインの説明
        現行戦略
        現状分析
    2. 本論
        問題点および戦略課題
        戦略代替案と推奨案の選択
        実行プラン
    3. 結論
        問題点と解決策の再確認
        解決策の実施に伴う想定結果
        質疑応答
```

以下では、序論→本論→結論という３ステップごとに発表の方法について説明します。

①序論

　プレゼンテーションの開始時に大事なことは、聴衆の関心を引くことです。聴衆の注意を発表者に向けるためにも、この「つかみ」の部分でインパクトのある話をする必要があります。

　次に、プレゼンテーションの全体的な流れを示し、これから何を話すつもりなのかを説明します。聴衆は、次に何がくるのかがわかれば、発表を理解しやすいからです。特に、なぜこのプレゼンテーションが重要なのか、聴衆はこのプレゼンテーションから何を得ることができるのかについて説明することが効果的です。

　そして、ケースの現行戦略を説明します。ここでは、すでに説明したことを繰り返さないようにします。カギとなる重要な事実を提示することが重要です。

②本論

　本論に入ってからは、まずケース企業の抱える問題点を指摘します。このとき、なぜ提示した問題点が重要なのか、その理由を説明しなければなりません。また戦略課題を示します。

　次に、問題点を解決する複数の戦略代替案を示し、その中でどの案をあなたが選択したのかを提示します。このときも、なぜそれを選択したのかについて明確な説明が必要になります。

　そして、あなたが選択した解決策を実行するためのプランを提示します。

③結論

　結論部分では、問題点と解決策をもう一度提示し、これまでの説明を聴衆に思い出してもらいます。次に、提示した解決策を実施した際に予想さ

れる結果について述べます。このとき、定量的な結果を提示することができれば、説得力が高まるでしょう。発表が終了したら、プレゼンテーション内容について聴衆から質問を受け、それに答えます。最後に、プレゼンテーションを聞いてくれた聴衆に礼を述べることを忘れないようにしましょう。

第2部
実践編

第3章
ケースを読む
—ジンズのケース—

　本章では、株式会社ジンズホールディングスのケースを紹介します。ケースとは、第1章で説明したように、「経営に関する出来事や状況を記述したもの」です。ケースの中には分析が入っていないという点を思い出してください。なお、本章で紹介するジンズのケースは全社的視点に立ったケースです。では、じっくりとケースを味わってください。

株式会社ジンズ　〜成熟市場における成長戦略〜 [1]

概要

　　株式会社ジンズホールディングス（以下、ジンズ）の前身は 1987
年に設立された雑貨の企画制作を手がける個人事業であった。低価格エ
プロン、低価格バッグで成功を収めたのち、ジンズは 2001 年にメガ
ネ業界に従来の業界の常識を打ち破る低価格メガネで参入した。以降、
ジンズはメガネ業界の SPA（Speciality store retailer of Private
label Apparel）企業の旗手として順調に成長を続け、2006 年には大
証ヘラクレス（現 JASDAQ）に上場を果たす。

　　しかし、上場後、老舗競合企業の相次ぐ低価格帯メガネセグメントで
の反撃に対してジンズは有効な手を打つことができず業績不振に陥るこ
とになる。ジンズはこの不振を契機に自らの方向性を明確にしたビジョ
ンを策定し、このビジョンのもと戦略を一新した。新たな戦略のもと、
より安価なメガネ、新機能・新デザインのメガネを実現し、ジンズは再
び成長路線に乗ることになる。また、2011 年には産学連携を活用し
て開発した機能性アイウエア「JINS PC（現 JINS SCREEN）」を、
工夫を凝らしたマーケティング施策を組み合わせて展開することで大成
功に導き、メガネ市場を視力矯正器具としての市場から、より広範なア
イウエア市場に拡張した。

　　JINS PC の大成功もあって急成長を果たしたジンズであったが、そ
の成長にともなうさまざまな混乱から業績は再び伸び悩むことになる。
この事態を受けてジンズは、これから進むべき方向性を示すビジョンを
改訂し、新ビジョンのもと拡大したターゲットに対して戦略の転換を図

1　本ケースは、小樽商科大学・堺昌彦教授、西村友幸教授、北川泰治郎教授が公表
資料にもとづいて 2020 年 2 月 10 日に作成した。本ケースの記述は、経営管理
の巧拙を示すものではなく、クラス討議を目的とするものである。無断複製厳禁。

1

ろうとさまざまな施策を打ち出している。このような取り組みの結果、ジンズは成長を続け、2018 年 8 月期末には、国内 349 店舗、海外 134 店舗、連結売上高約 549 億円、経常利益 56 億円の規模にまで達している。しかしながら、新ビジョンのもとでの戦略の転換は未だ道

5 半ばであり、また成熟したアイウエア市場における熾烈な競争のもとでジンズが今後も成長を続けるためには、さらなる戦略の革新が求められている。

　以下では、ジンズのこれまでの軌跡と近年における状況について記述する。

10

1. 創業からメガネ業界への参入まで

（1）ジンズの創業～ジンズの原点と成功のパターン～

　ジンズの出発点は、服飾雑貨や生活雑貨を企画制作する会社であった。

15 ジンズの創業者である田中仁は、もともといつかは自らの商売を持とうという漠然とした考えはあったものの、就職先としては群馬の信用金庫を選んでいた。信用金庫職員として安定した生活を送り、仕事を通して失敗した経営者を目の当たりにすることで、次第に田中は起業を恐れるようになっていた。しかし、支店のノルマ達成のために上司の命令で訪

20 問した営業先で罵倒を受けたことをきっかけに、田中は自分自身が本当に納得できる仕事をしたいと考えるようになり、起業を決断した[2]。その後田中は、知人の会社で企画営業職を経験したのち、1987 年、個人でジンズプロダクツという商号で創業した。これがジンズのはじまりであった。翌 1988 年、田中はジンズプロダクトを母体に、雑貨の企画

25 制作を手掛ける有限会社ジェイアイエヌを設立した。

　こうして創業を果たした田中であったがしばらくはヒット商品も生ま

2　田中［2014b］15-16 頁。

れず、会社は深刻な資金繰りに苦しむことになる。追い込まれた田中は度々妻の実家から運転資金を借りるような状況であった[3]。この苦境から抜け出すきっかけとなったのは、低価格エプロンでの成功であった。

　当時、エプロンはデパートなどでキッチン用品として、通常は5,000円程度で販売される商品であった。とはいえ、この当時においても、より安価な価格帯のエプロンが売れる兆候はみえはじめていた。そのような中、得意先から当時のジンズに1,980円で販売できるエプロンをつくれないかという打診があった。生地を安く仕入れることさえできれば、商機があることを確信していた田中は、条件を満たせる生地問屋を探し回った。その結果、エプロンの素材となる高い品質の生地を大量に発注することで、低価格エプロンでも採算のとれる水準の価格で売ってくれる生地問屋を見つけることができた。ここで田中は集められるだけの資金を集め、得意先が買ってくれる以上の大量の生地を安価に仕入れ、その結果実現した低価格エプロンを大量に販売することで会社を軌道に乗せることに成功したのであった[4]。ここでの体験は、以降ジンズの成功パターンとして刻み込まれていく。

　　勝負をかけて材料を大量発注し、原価を下げてお客様が買いたくなるように売価を下げる、という方法は、これからも僕らの勝ちパターンとして何度か出てくる。その最初の体験が、このエプロンだったのだ[5]。

　低価格エプロンの成功後もヒット商品が続き、ジンズの資金繰りは劇的に改善した。しかし、しばらくすると業績は急激に悪化していった。1990年代半ばには、より安い価格の中国からの輸入品が雑貨市場で

3　田中［2014b］21頁。
4　田中［2014b］22-26頁。
5　田中［2014b］24頁。

3

3　田中［2014b］21頁。
4　田中［2014b］22-26頁。
5　田中［2014b］24頁。

3

存在感を増しつつあり、相対的に高い価格となった日本製品は売れなくなってきていた。このような状況の中で業績を改善するために、田中は現場の社員と徹底的に話し合った。現場を担う社員たちから、安価な中国製品の強さ・商品の売れ筋といった正確な現状を把握した田中は、苦境に陥っているジンズの打開策として売れ筋の商品であるバッグを中国で生産することを決めた。しかし、その当時のジンズは中国での生産ルートを持っていなかったため、田中自らが中国の広州で行われていた貿易展示会に赴いて生産を引き受けてくれる工場を探すことにした。商社等を介在させれば手数料がかさみ、安い商品をつくり出すことが難しくなるからという判断であった[6]。結果として田中は、展示会で知り合った中国人と一緒に青島の縫製工場を訪問して回り、希望どおりの生産を引き受けてくれる工場を見出すことができた。こうして実現した低価格バッグによって、会社の業績は改善し、2000年には売上高約7億5000万円、経常利益約6000万円を達成するようになっていた[7]。

（2）メガネ業界への参入　～旧来のメガネ業界のビジネスモデルとJINS1号店～

　ジンズは、2001年にメガネ業界に参入する。きっかけは田中の韓国旅行であった。田中は韓国で「メガネ1本3,000円、15分でお渡しします」という日本語のポスターを見つけた。それまでメガネをかけたことのなかった田中はこのとき同行していた友人からはじめて「日本でメガネを買うと通常は1本最低3万円はすること」「店頭で視力を測りその視力に合った度数のレンズを取り寄せるためメガネを選んでから受け渡しまで何日もかかること」を知った[8]。この旅行をきっかけに田中

6　田中［2014b］32頁。

7　田中［2014b］31-35頁。

8　田中［2014b］31-35頁。

4

はメガネ業界に興味を持ちはじめた。帰国後、メガネ業界を調べはじめた田中は驚くことになる。日本のメガネ販売店にはほとんど客がいない。それにもかかわらず、メガネ販売店は利益を上げている。田中は、ここに韓国と日本のメガネの価格差の理由を見つけた。

フレームメーカー、レンズメーカー、それらを取り次ぐ業者、そして販売店。メガネをつくる人とメガネを買う人の間に、たくさんの人が関わり、多額の中間マージンやブランド料金などが発生している。そして、いつのまにか日本のメガネは3万円が最低価格帯となってしまっていたのだ。

1本3万円という価格なら十分利益は出るので、売れるメガネの本数が少なくても、メガネの販売チェーンは超優良企業というわけだ。

そして、この構造に誰も異を唱えず、「あたりまえのこと」「常識」として業界が成り立っていた[9]。

当時のメガネ業界のこの構造に田中は、製品の企画開発、製造、販売までを一手に引き受けるSPAで参入するチャンスを見出した。さっそく、国内のフレームメーカーやレンズメーカーにメガネを1本5,000円で販売できるような価格でフレームやレンズを卸してもらえないかと交渉をはじめたが、国内メーカーでこの条件を引き受けるところはなかった。そのため、田中は韓国でサプライヤーを探し回り、望む条件でフレームとレンズを納入してくれる業者を見つけ出した[10]。

メガネ業界参入の1号店は、福岡の「天神ビブレ」というファッションビルに決められた。1号店を福岡としたのは、地方の大都市で成功すれば、先々に全国展開する際に他の地方都市でも成功できる可能性が高

9　田中［2014b］41頁。
10　田中［2014b］44-47頁。

5

いと踏んだからであった[11]。また、店内も当時からすれば従来のメガネ
チェーン店とは一線を画すようおしゃれで若者向けの内装を目指し、デ
ザイン性を重視して店舗デザインは若手インテリアデザイナーに依頼し
た。

　　この店は、メガネ業界の慣習を打ち破る第一歩になる。メガネを低価格
　で提供し、その日の服や気分によってかけかえられるような、ファッショ
　ン性の高いアイテムにイメージチェンジするのだ[12]。

こうして 2001 年 4 月 20 日、「JINS 天神店」がオープンした。メ
ガネ一式税抜価格で 5,000 円と 8,000 円のツープライス制であった。

（3）メガネ事業への本格的な注力～メガネSPA企業としての本格化、上場へ～

JINS 天神店の開店は大成功を収めた。15 坪の店舗の初日の売上本
数は 70 本。ローカルニュースにも取り上げられ、以降も好調で 1 日
に 100 本以上売れていく状況だった。しかし、3 カ月ほど経つと、似
たような価格帯のメガネ店が天神地区に多数乱立するようになり、
JINS 天神店の売上は半減してしまった[13]。

この事態を受けて悩んだ田中は、競合店を 1 軒 1 軒みて回ることに
した。こうして自らの目と足で調査を進めていく中で、これらの競合店
は、価格帯こそは類似して安い価格のメガネを提供しているが、メガネ
に使われているフレーム、店舗の内装の状態、スタッフの接客の仕方と
いった点で基本的には旧来のメガネ店と変わらないことに気づいた。こ

11　田中［2014b］48 頁。
12　田中［2014b］50 頁。
13　田中［2014b］57 頁。

6

こに安いだけでなくファッション性の高いメガネを目指す自社の優位を
確信した田中は、メガネ事業に本格的にリソースを集中して競争に打ち
勝つことを決心した [14]。堅調な雑貨事業から資金を投下し、既成のフ
レームを仕入れるだけでなく、自分たちでデザインまで手がけることに
5　より本格的な製造小売業にシフトすることを目指した。

　　よいメガネをより安価に製造するために、ジンズは中国の展示会で生
産メーカーを探し、大量生産を確約することで材料費と生産価格を引き
下げることに成功した。しかし、天神店の1店舗のみでは大量生産し
たメガネをさばききれない。そのためジンズは新たに店舗を展開するこ
10　とにし、2001年11月から2002年3月にかけて、代官山、京都、
神戸に出店した。これらの都市に出店したのは、JINSのブランドイメー
ジを意識し、「おしゃれなイメージがある街」を選んだためであった [15]。
また、男性用ファッション誌『smart』にもブランド広告を載せ、ファッ
ション性を強調してJINSブランドの構築を目指していった。

15

　　安い価格でメガネを買えるということは、服装やシチュエーションに合
　わせて何本もメガネを持てるということ。そうやってメガネを楽しんでも
　らいたい、というコンセプトが根底にあった。そのためには、肝心のメガネ、
　そして店舗がダサくてはいけないのだ [16]。

20

　　以降もジンズは、メガネのデザイン性、ファッション性を強調して全
国に順調に出店を続け、2005年には21店舗、売上約39億4000
万円の規模となっていた。こうして2006年8月、ジンズは大証ヘラ
クレス（現JASDAQ）に上場を果たす。また、ジンズは2007年9

25　───────────────────────────────
14　田中［2014b］58頁。
15　田中［2014b］60頁。
16　田中［2014b］59頁。

7

月には、他社に先駆けて自社メガネの EC サイト「JINS ONLINE SHOP」を開設している。

2. ビジョン策定による改革と再成長

（1）上場後の業績不振〜老舗メガネチェーンの反撃とジンズの混乱〜

　上場後もジンズは出店を続け、順調に売上を拡大していった。しかし、1 店舗当たりのメガネの売上は 2008 年度から急落することになる。結果として、全社的には売上高の成長は続いていたものの、2008 年度と続く 2009 年度は赤字に転落してしまった。

表1　2006-2009 年度におけるジンズメガネ販売状況 [17]

年度	2006	2007	2008	2009
店舗数（期末：店）	31	47	67	87
売場面積（期中平均：㎡）	2,687.89	3,687.49	6,547.17	8,580.31
1㎡当たり売上高（千円）	999	1,037	780	709
従業員数（期中平均：名）	181.67	274.79	376.58	443.13
1人当たり売上高（千円）	14,795	13,921	13,576	13,740

　この業績不振の原因の 1 つには 2008 年 9 月に起きたリーマンショックによる消費者の購買力低下があった。しかし、より根本的な原因は、ジンズをはじめとする低価格帯メガネでメガネ市場に新規参入してきた企業に対して、老舗メガネチェーンの各社が、価格引き下げやローコストブランドの導入といった対抗策を相次いで打ち出してきたことで

17　表 1 の数値は、ジンズの有価証券報告書から得ている。なお、2006 年度と2007 年度については「アイウエア関連事業」、2008 年度と 2009 年度については「ジンズ業態」のデータをメガネ販売に対応するものとして用いている。

8

あった。そして何よりも、それらの競合の打ち手に対してジンズ自身が適切な対応ができていなかった。

　2005年に弐萬圓堂が追加料金なしのメガネ販売をはじめ、2006年にはメガネトップが「眼鏡市場」という新店舗で一律税込19,800円のメガネ販売をはじめた。両社とも視界の歪みの少ない非球面レンズでも、遠近両用レンズでも、この値段であった。非球面レンズは、同じ度数であれば球面レンズよりも薄くできるため、消費者の多くは非球面レンズを選択するようになってきていた[18]。

　しかし、このような競争環境の中でも当時のジンズでは、非球面レンズに付け替えると追加料金が発生していた。また、この追加料金を加えると、メガネが他店よりも高くなることもあった。5,000円・8,000円のツープライス制をうたいながら、追加料金によって顧客からすると価格が不透明となり、さらに結果的には競合よりも提供するメガネの価格が上回る状態になっていたのである[19]。こうした状況の中で、ジンズは有効な手立てを打つことができないでいた。変化する環境に対して会社全体としてどう動くのか、方向性を定められずにいたのである。その結果もたらされたのが業績の低迷であった。

（2）ビジョンの策定

　2009年1月、ジンズの経営陣は、会社の存在意義を議論し、全社としてどのような方向性に進み何を目指すのかを明確に定めるために熱海で合宿を行った。この合宿で「メガネをかけるすべての人に、よく見える×よく魅せるメガネを、市場最低・最適価格で、新機能・新デザインを継続的に提供する」という新たなビジョンが策定された[20]。

18　田中［2014b］72頁。
19　田中［2014b］72頁。
20　田中［2014b］83-84頁。

9

このビジョンでは、それまでの若者をターゲットとした事業モデルか
ら、より大きなマス市場をターゲットとすることで経営陣のコンセンサ
スが得られた。また、市場最低価格を実現することと、新機能・新デザ
インを投入し続けることが明確に強調された。そして策定されたビジョ
5 ンの実現に向けて全社的に具体的な取り組みが開始された。

（3）原価低減と価格の見直し

まず取り組まれたのがメガネの販売価格の見直しである。とくに焦点
が当てられたのは、価格を不透明にし、メガネの単価上昇の最大の原因
10 でもあったレンズの追加料金であった。

レンズの追加料金をなくすことが目標として設定され、追加料金をゼ
ロとした場合のメガネの単価、原価、経営が成り立つために必要な販売
量について詳細な検討が連日行われた。多くの消費者が納得する価格を
実現するには、販売本数を今までの 1.3 倍以上に、原価の上昇率を
15 5-7％に抑えなければならなかった[21]。この計算結果をもとに追加料金
をなくすために必要なレンズ価格が算出されると、今度はその価格をも
とにレンズメーカーとの価格交渉が行われた。

ジンズが調達を目指したレンズは、競合他社が扱っていたものよりも
レンズの厚みを薄くできる屈折率 1.60 の非球面レンズであった。競合
20 他社に対して圧倒的な品質を実現するための選択であった。ジンズはそ
れまで 5 社のレンズメーカーからレンズを仕入れていたが、これを 1
社に絞り、一気に 150 万枚のレンズを発注することで、採算に合う水
準でのレンズの調達を実現した。また、フレームについても生産体制を
多品種少量生産から少品種大量生産に見直し、さらに協力工場にあらか
25 じめ生産量を確約することで価格面で譲歩してもらい調達コストの低減

---

21 飯山［2011］52 頁。

を図った[22]。

　2009 年 5 月、ジンズは名古屋地区限定で試験的に「NEW オールインワンプライス」を掲げ、追加料金ゼロで税込価格 4,990 円、5,990 円、7,990 円、9,990 円でメガネを購入できるようにした。この試みの反響は大きく、チラシのみの宣伝にもかかわらず大成功を収めた。この「NEW オールインワンプライス」の試みは、その後全国に展開されることになる。

（4）Air frame の投入

　また、新機能・新デザインについての取り組みも行われた。商品責任者が上海の展示会で、哺乳瓶や医療用カテーテルに使用される医療用素材「TR-90」を見つけ日本に持ち帰ってきた。安全性が高く、軽く、柔軟性に富んだ素材であった。設計チームは、この素材を活用して日本の消費者に受け入れられる商品を実現しようと、長時間かけていても疲れにくく締めつけ感のない軽いかけ心地を追求したデザインのフレームを考案した[23]。この商品が、その後ジンズの看板商品となる「Air frame」となる。

　試作を繰り返し、Air frame に商品としての確信が持てた田中は、フレームを一気に 7 万本発注した。この 7 万本という数字は当時のジンズのヒット商品 3 年分の在庫に相当した。田中は、この Air frame の投入で一気に勝負をかけると決めていた[24]。

　Air frame の投入に照準を合わせて、ジンズはいくつかの試みを組み合わせている。まず、Air frame の発売に合わせて、追加料金ゼロの

22　飯山［2011］　53-54 頁。
23　飯山［2011］53 頁。
24　田中［2014b］100-101 頁。

11

「NEW オールインワンプライス」を全国全店で実施することとした[25]。

　また、店舗をすべて「JINS」ブランドに統一し、ロゴも一新した[26]。さらに、JINS 原宿店をリニューアルオープンした。当時、原宿店はオープンから 1 年しか経っていなかったが、敷居が高いイメージがあった。戦略商品である Air frame の投入と同時に、この原宿店をできるだけジンズの新たなビジョンを体現したものとしてつくり直そうとしたのであった。店舗にあった資産価値のあった設備もすべて償却され、独自に設計した「マス目什器」と呼ばれる陳列棚が導入された。マス目什器は、シリーズごとに商品を縦横に並べることができる。一目で欲しい商品がどこにあるかわかり、手にとったメガネをどこに戻せばいいかも一目瞭然で、顧客にとって便利なだけでなく、整った綺麗な売場が保てる陳列棚である[27]。

　そして、Air frame の投入にあたって、1 カ月で 5 億円の広告宣伝費を投入し、全国でテレビ CM を流すことにした。当時、1 年間の広告宣伝費が 1 億円という規模のジンズが、ここまでの広告宣伝費を投じたのは Air frame の存在を全国で知ってもらうためであった。初期ロットの 7 万本という数も、この広告宣伝費の投入を前提としてのものであった。

　実はこの CM 構想があって「Air Frame7 万本」という数値をはじきだしたのだ。お客さまが広告を見て商品を買いに行ったのに、売り切れだった……。そんな事態だけは、なんとしても避けたい。売れるときに売れるものがないのが、一番まずい。大量につくり、それを売るための施策を打つ。

25　田中［2014b］101 頁。
26　田中［2014b］102 頁。
27　田中［2014b］103-104 頁。

12

この2つが両輪になって、あたらしい業態が成功するのだ[28]。

　このような準備をしたうえで、2009年9月、Air frame が発売された。初期ロットの7万本は1カ月も経たずに完売した。Air frame はその後も売れ続け、ジンズを代表する商品となっている。

3. 機能性アイウエアの開発〜JINS PC の開発と市場の創造〜

（1）JINS PC（現 JINS SCREEN）の開発

　ビジョン策定の2009年以降、ジンズは、さまざまな大学の研究室や医療機関との産学連携での商品開発を進めるようになった。

　このような中、田中が注目したのは、「ブルーライト」の存在である。ブルーライトは波長の短い青い光で、眼精疲労を引き起こす原因という説があった。このブルーライトは PC 等のモニタからより多く発せられ、これが現代人の目の疲れにつながっているのではないかと考えた田中は、さまざまな研究者と連携し、ブルーライトをカットするメガネの商品化を模索した[29]。

　ブルーライトをカットするレンズを実現するために田中は、サングラスのレンズで最高品質のものをつくるイタリアの会社を選定し、レンズの共同開発の交渉をはじめた。レンズ開発に成功したら月10万枚以上の発注をすることを持ちかけ、幾たびも交渉することで共同開発が実現した。こうして「ハイコントラストレンズ」が完成した。このレンズは、可視光線透過率85％で、約50％のブルーライトをカットすることができた[30]。田中は、開発したレンズの効果についても実証実験を繰り返

28　田中［2014b］105-106頁。
29　田中［2014b］121-124頁。
30　田中［2014b］126頁。

13

し、新商品が目の疲れに有効であるというエビデンスを固めていった。こうしてブルーライトをカットする機能性アイウエア「JINS PC」が誕生した。

5 （2）JINS PCの販売

　JINS PC は従来のメガネとは異なる新しいカテゴリの商品であった。そのため、販売方法についても独特の工夫がこらされた。

　　Air frame の発売のときは「軽い」という誰にでもわかりやすい特徴が
10 あった。しかし、JINS PC は、「何のためにかけるのか」「ブルーライトとは何なのか」というところから説明しなければならない。
　　なぜかというと、ブルーライトというもの自体が当時はまったく知られていなかったからだ[31]。

15　そこで田中は、JINS PC の販売に先立って、ブルーライトの脅威について知ってもらう啓発活動を行うこととした。この啓発活動の一環として、メディア、影響力を持つガジェット好きのブロガーを招待して「ブロガー MTG Hard Eye Worker Meeting」という体験イベントを開催した[32]。イベントでは、JINS PC の開発経緯、ブルーライトのもた
20　らす眼精疲労、JINS PC の効果について説明し、パネルディスカッションを行い、参加者に実際に JINS PC をかけてもらった。このイベントが記事になることによって、口コミで JINS PC の知名度は徐々に上がっていった。
　こうして下地をつくったうえで、2011 年 9 月 30 日、JINS PC
25　を発売した。販売は当初から順調な滑り出しであったが、2012 年 1

31　田中［2014b］129頁。
32　田中［2014b］129-130頁。

14

月 27 日、ブルーライトについての記事が Yahoo! JAPAN に載ることで、JINS PC の販売は一気に急伸した。

　以降 JINS PC は、5 月に度付きメガネのバージョンを投入し、テレビ CM も流すことで、メジャー商品として認知されるようになっていった。JINS PC は初年度で 80 万本以上を売る大ヒット商品となった。しかしながら、この JINS PC ですらも発売後しばらくすると競合企業が類似品を投入し、販売ペースは鈍化することになる[33]。それでも、JINS PC は累計で 600 万本以上を販売し、ジンズを再び大きく飛躍させる原動力となった。

（3）機能性アイウエアのラインナップ拡充

　JINS PC が大成功を収めた後もジンズは次々と機能性アイウエアを市場に投入していく。まず JINS PC のラインナップが拡充されていった。上述の度付きメガネユーザー向けの「JINS PC カスタム」、子ども向けの「JINS PC for kids」、オフィスワーカーのニーズに応えた「JINS PC クリアレンズ」と多様なユーザーのニーズに合致するように JINS PC のラインナップを増やしていった。JINS PC は 2015 年に「JINS SCREEN」と名前を変えるとともに、増加したラインナップをニーズと用途に応じて3つのカテゴリに集約している[34]。

　また、JINS PC 以外でも、ドライアイ対策用の「JINS Moisture」、花粉をカットする機能を持つ「JINS 花粉 Cut」、ヘルスケアデバイス「JINS MEME」とさまざまな機能性アイウエアを開発し、市場に投入している。JINS MEME については後述する。

33　田中［2016］60 頁。
34　株式会社ジンズ『プレスリリース』2015 年 11 月 18 日。

15

4. オペレーションの混乱と新ビジョン下での戦略の転換

（1）急成長にともなうオペレーションの混乱

　　JINS PC の投入効果もあり、ジンズは 2013 年 8 月期まで 4 期連続の増収増益を達成した。しかし、2014 年 8 月期から、既存店の売上が連続して前年同月比でマイナスが続くようになった。

　　減収の理由としては、JINS PC の反動減、消費税の増税もあったが、最大の要因は急成長にともなう店舗や本部でのオペレーションの混乱が大きかった。

　　ジンズは、上述の立て直しからの 4 年間で店舗数を約 3 倍、売上を約 5 倍に増やす過程で積極的に採用を行い、入社 2 年未満のスタッフがジンズの約 6 割を占めるようになっていた[35]。また、スタッフに対する教育も、ジンズのビジョンやコンセプトを理解することよりも、測定や加工といった技術面に偏重していたこともあり、スタッフ間で接客に対する考え方が一致しない状態が生じていた。結果として、現場のオペレーションは混乱し、スタッフが来店客の要望に十分対応しきれず販売機会を逃すことにつながっていた[36]。また、本部においても、部門ごとのセクショナリズムが強まり、店舗運営、製品企画、流通の各グループの連携に乱れが生じていた。この結果、「数字の上では消化率の低い商品」が次々と廃盤にされ、本来店舗の品揃えとしてあるべき「定番商品」が店頭から消える事態が起きていた。また在庫や仕入れの管理も甘くなり、売れ筋のよい商品が店頭で欠品を起こすことも度々生じていたという[37]。

35　田中［2014a］68 頁。
36　田中［2015b］69 頁。
37　田中［2014a］68 頁。

16

（２）新ビジョンの策定

田中は、こうした事態の大元の原因は、先に策定したジンズのビジョンの不十分さにあると考え、新たなビジョンを策定することとした。新ビジョン策定の作業は 2013 年からはじまった。この作業にあたっては、ドイツのブランディングファーム KMS TEAM の協力を仰いだ。彼らとともに、現場や経営陣に対して膨大なヒアリングを行い、過去から現在に至る取り組みを調べ、議論を重ねることで、2014 年、新たなビジョン「Magnify Life」というビジョンが策定された[38]。

> ですから、「Magnify Life」は、メガネを通して人々の人生を拡大（豊かに）する、という意味になります。
>
> 日本の組織であれば、ビジョンとは数値目標を指す場合が多いように思います。人口何十万人ビジョンとか、売上高 1000 億円ビジョンなど。しかし、KMS は、外部環境が変わると捨て去るようなものは、ビジョンとは言わないのです。いつまでも追求できる価値とか精神性とか、ある意味、理念とか志に近いものを言う。
>
> 私たちの製品で、お客さまや取引先、私たちの仲間を「Magnify Life」できれば、途中からの事業はメガネでなくてもいいと[39]。

以降、ジンズの店舗運営、商品づくり、人事業務などすべての活動はこのビジョンにもとづいて方針を決定することとなった。

（３）新ビジョンにおける戦略の転換

新ビジョンの策定によりこれまでの戦略も転換することとなった。これまでは、テレビ CM 等に多額の広告宣伝費を投じ、効率的な店舗オ

38　田中［2016c］165-166 頁。
39　田中［2016c］166 頁。

17

ペレーションで売上の拡大を追求することが第一であった。それに対し新ビジョンのもとでは、「顧客ファースト」が明確となった。顧客満足度向上のためには何が必要か、よい商品となっているか、接客がきちんとしているかといったことが重視されることとなった[40]。

このような「顧客ファースト」を実現するカギは、従業員が会社を好きかどうかにあると考えた田中は、これまで非正規雇用であった従業員を正規雇用とし、また新卒の初任給および全従業員の給与の引き上げを図った[41]。これらによって増加した人件費は、主として広告宣伝費に投じていた資金の削減分から捻出された[42]。同時に、ジンズのブランドや商品コンセプトの理解を深めるための研修にも力が入れられるようになった[43]。

商品についても、ラインナップの大幅な見直しが行われた。これまで曖昧であった定番商品と季節商品の違いを明確にし、1200 種類の商品の 60%の刷新を開始した。この見直しにおいても、顧客にとってベストな商品ラインナップかが重視され、ジンズの価値観に合わないものは、たとえ売れそうなものでも廃盤となっていったという[44]。

店頭における商品の展示も、従来のフレーム素材やデザインによる分け方から、カジュアル、フォーマル、スポーツ、読書など、使うシーンに応じた分類へと変更した。このようにして製品ラインナップを明確にすることによって、顧客の年齢層や用途に合わせて最適な提案ができる接客を目指した[45]。

さらに、ジンズはメガネだけに留まらないという新ビジョンの方針を

40　田中［2016c］166 頁。
41　田中［2016c］167 頁。
42　ジンズの 2013 年度以降の広告宣伝費と人件費の推移より。
43　田中［2016c］167 頁。
44　田中［2016c］167 頁。
45　田中［2015b］70 頁。

体現するように、2017 年 11 月に 1 日使い捨てタイプのコンタクトレンズ「JINS 1DAY」の発売を発表した。首都圏近郊に在住の 20-40 代前半の 1 日使い捨てコンタクトレンズ購入者を調査した結果、その多くがジンズの顧客層との親和性があり、適正な価格で購入したい
5 というニーズがあることから、オンラインショップを通じて、30 枚入り 1 箱を 2,000 円で提供することに踏み切ったという[46]。

　また、これまでは社長の田中自身が主体的に動いて産学連携での商品開発を進めていたが、2013 年 2 月に研究開発部門（R&D 室）を新設し、ジンズが組織として外部パートナーとの連携による研究開発を実
10 施する体制を構築した[47]。

（4）価格体系の見直し

　ジンズは 2009 年に「オールインワンプライス」を掲げ、レンズの追加料金ゼロで 4,990 円、5,990 円、7,990 円、9,990 円の 4 プ
15 ライス制の価格体系を導入した。この価格体系は価格の安さとわかりやすさから顧客の支持を得て販売の伸びに貢献した一方で、プライス間の価格差が小さいことから価格帯ごとの特色を出しづらく、また最高価格が 9,990 円ということから、商品アイデアがあっても原価面での制約から断念せざるをえないことも起きていたという[48]。
20 　このような状況を受け、また新ビジョンのもとで広がったターゲットの多様なニーズに応える商品を提供する必要性から、ジンズは 2017 年 1 月に新たな価格体系を発表した[49]。

　新価格体系は、税抜価格 5,000 円、8,000 円、12,000 円の 3 プ

46　株式会社ジンズ『プレスリリース』2017 年 11 月 29 日。
25
47　田中［2015b］70 頁。
48　株式会社ジンズ『プレスリリース』2017 年 1 月 19 日。
49　株式会社ジンズ『プレスリリース』2017 年 1 月 19 日。

19

ライス制を採用している。このうち 5,000 円の商品では、旧価格での下位 2 種類の商品を中心に、気軽に購入できる価格でありながら、決して「安かろう悪かろう」ではない価格以上の価値を提供することを目指すという。8,000 円の商品では、多くの選択肢から楽しく買い物をしてもらえるようトレンド性のあるデザインなどのバリエーションを強化していくという。新たなチャレンジとして位置づけた 12,000 円の商品では、これまで原価等の制約で扱えなかった素材や細部のデザインの追求など提案性を備えた商品を開発し、付加価値を追求した選択を望む顧客をターゲットとするという。

5. 近年のメガネ市場と競合企業の動向

　かつては 6000 億円ほどであった国内メガネ市場は、現在 3200 億円程度の規模にまで縮小している[50]。この縮小トレンドの背景には、ジンズや他のメガネ専門店が次々に低価格帯のメガネを投入しシェアを伸ばすことによるメガネの平均単価下落が影響していることに加えて、消費者が視力矯正具としてコンタクトレンズを選ぶことが増えてきていることも挙げられる（図 1）。

　このように視力矯正具としてのメガネには逆風のトレンドが続く中、メガネ業界では、現在、古くから全国にメガネチェーン店を展開してきた企業、ジンズと同様に低価格帯メガネを武器に進出してきた企業、地場に強力に密着した企業等、多様な競合企業がひしめき合い、熾烈な競争が続けられている（表 2）。

　ここでは、ジンズが競争しているこれらの競合企業の中から、老舗チェーン店として三城ホールディングス、ジンズと同様の路線でメガネ業界に参入を果たした企業として Zoff（インターメスティック）、地域

50　GfK ジャパン『プレスリリース』 2019 年 3 月 26 日。

密着型企業として富士メガネを取り上げ、これら企業の近年の動きを記
述する。

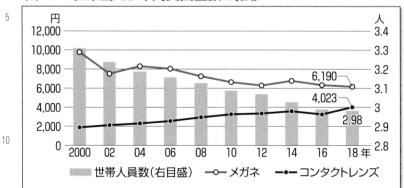

図1　1世帯当たり年間支出金額の推移

注：2人以上の世帯の全国調査。
出所：家計調査結果（総務省統計局）をもとに作成。

表2　メガネ専門店の売上高ランキング（2018年度）

順位	（前年度）	会社名	本社	決算期	売上高（百万円）	伸び率（%）	経常利益（百万円）	店舗数
1	(1)	メガネトップ（眼鏡市場，アルク）	静　岡	3	77,100	（　6.5）	—	969
2	(2)	三城ホールディングス（メガネのパリミキ、メガネの三城）※	東　京	3	49,689	（▲1.4）	233	879
3	(3)	ジンズ	群　馬	8	45,232	（　6.9）	5,785	354
4	(4)	インターメスティック（Zoff）※	東　京	12	28,728	（　17.9）	—	220
5	(5)	ネクストトゥエンティワン（JACKROAD）	東　京	3	19,068	（　10.0）	872	4
6	(6)	愛　眼	大　阪	3	15,891	（▲0.6）	305	249

21

7	(8)	和　真（和真メガネ）	東　京	1	9,491	（▲1.2）	204	83
8	(7)	キクチメガネ	愛　知	3	9,066	（▲6.4）	―	116
9	(9)	富士メガネ	北海道	2	8,509	（　1.1）	589	67
10	(10)	ナカザワ	滋　賀	4	6,331	（▲0.1）	128	95
11	(11)	イワキ	東　京	9	5,178	（　1.2）	▲212	31
12	（―）	ビジョンメガネ	大　阪	12	4,939	（　―）	49	108
13	(12)	オグラ	東　京	2	4,827	（　0.5）	695	35
14	(13)	東京メガネ	東　京	8	4,000	（　0.0）	―	24
15	(14)	武田メガネ	福　岡	1	3,902	（▲2.3）	―	52
16	(15)	メガネの和光	愛　知	1	3,130	（▲1.3）	―	26
17	(16)	ムラタ（メガネのプリンス）	北海道	2	2,961	（▲0.1）	78	57
18	(17)	メガネ流通センター（メガワールド）	愛　知	2	2,556	（▲3.5）	45	15
19	(18)	板　垣	群　馬	9	2,552	（▲3.1）	52	40

注：三城ホールディングス、インターメスティックは連結数字。
出所：『日経MJ』（流通新聞）2019年7月10日。

（1）三城ホールディングス

　三城ホールディングス（以下、三城 HD）は、メガネ専門店「パリミキ」「メガネの三城」を展開する老舗の大手メガネチェーンである。もともとは兵庫県で時計・貴金属・メガネの販売・修繕を行っていた三城時計店が 1960 年に社名をメガネの三城に改め、本格的にメガネの専門店に移行したのが三城 HD のはじまりである[51]。

　三城 HD は国内外に積極的に店舗展開を行い、一時期は 1,000 店舗を超す規模の国内最大級のメガネチェーンとなる。しかし、2000 年以降のジンズをはじめとした新興のファッション性の高い低価格帯メガネ企業の進出によってこれまでのビジネスモデルが劣勢となり、また国内メガネ市場の縮小も相まって苦境に立たされている。

51　株式会社三城ホールディングス『有価証券報告書』2018 年 3 月期、4 頁。

近年の三城 HD は、郊外の独立店舗を中心に不採算店舗の撤退や統合を急ピッチで進める一方で、既存店の改装による活性化と新規出店を進めることで業績の立て直しを図っている[52]。この改装と出店にあたって、三城 HD は、出店地域の人口構成やターゲットとする客層に合わせて店舗フォーマットを定め、それぞれで外観、内装、商品、販売方法を変えて店舗展開を進めることを基本としている[53]。店舗フォーマットは試行錯誤を経て、2018 年 3 月期において「エンターテインメント」「パリのベルエポック」「サーカス」「サロン」の 4 種類となっている[54]。

　　「エンターテインメント」は、音楽とファッションをテーマにした店舗でトレンド牽引店と位置づけられている。このフォーマットのターゲットは 20 代から 30 代後半で、流行・ニューカルチャーの発信地となる百万人都市に展開し、サングラスの比率を高めて高感度ファッション NB（ナショナルブランド）を軸にした商品を置く。店舗ではライブイベントの開催や異業種とのコラボを積極的に展開することで非日常空間を演出するという[55]。

　　「パリのベルエポック」は、パリらしさを強調した店舗フォーマットである。ターゲットは 30 代・40 代に定め、主にショッピングモールや商業ビル内に展開し、女性やファミリーが入りやすい店舗づくりとし、わかりやすく求めやすい商品構成を目指す[56]。

　　「サーカス」は、メガネを楽しめるアイウエアショップと位置づけら

52　株式会社三城ホールディングス『有価証券報告書』2018 年 3 月期、12 頁。

53　株式会社三城ホールディングス『決算説明プレゼンテーション』2017 年 3 月期、13-15 頁。

54　株式会社三城ホールディングス『決算説明プレゼンテーション』2018 年 3 月期、14 頁。

55　株式会社三城ホールディングス『決算説明プレゼンテーション』2018 年 3 月期、15-17 頁。

56　株式会社三城ホールディングス『決算説明プレゼンテーション』2018 年 3 月期、19-21 頁。

23

れている。ターゲットは 10 代から 20 代後半とし、ニューカルチャー
の発信地となる都市の商業ビルに展開する。商品は、サングラスの構成
比率をやや高めて低価格 PB（プライベートブランド）を揃えるととも
に、一部雑貨も扱う。このフォーマットにおいても店舗でイベントを開
催したり異業種コラボを展開することで非日常空間を演出するとい
う[57]。

　「サロン」は、安心の店というテーマで、ハイレベルの商品とサービ
スを提供するフォーマットとして位置づけられている。ターゲットは
60 代以上で、主に郊外に展開し一部は都市型ビルインで展開する。商
品は、本物の日本製にこだわり、PB のフレーム 6 割、NB のフレーム
4 割とする他、補聴器も取り扱う。このフォーマットの店舗では、居心
地のよい空間をコンセプトに地域に密着した店舗を目指し、運転視力の
啓蒙など他にない丁寧な視力測定を行い、来店客のライフスタイルに合
わせたレンズを提案していくという。補聴器については店舗に防音室を
設けて、来店客に聴き比べを勧めることで販売につなげていく[58]。

　また、接客における取り組みとして、全社員に接客に役立つアプリの
入った iPad を配布し、顧客が店舗に入ってから精算までを顧客に付い
た従業員がつきっきりで対応することを可能にすることで、接客の質を
高めようとしている[59]。

（2）Zoff（インターメスティック）

　メガネの Zoff ブランドを展開するインターメスティック（以下、
Zoff）は、1993 年、商標権の管理および販売を行う会社として設立さ

57　株式会社三城ホールディングス『決算説明プレゼンテーション』2018 年 3 月期、
　　22-24 頁。

58　株式会社三城ホールディングス『決算説明プレゼンテーション』2018 年 3 月期、
　　25-32 頁。

59　株式会社三城ホールディングス『有価証券報告書』2016 年 3 月期、17 頁。

24

れた。2001 年、同社は「Zoff」ブランドで 1 号店を下北沢で開き、メガネ事業に参入した [60]。

　ジンズと同様にレンズとフレームのセット価格で 1 万円を切る価格戦略を進める Zoff は、2018 年 12 月期における売上高は約 287 億円、店舗数は 220 店を誇り、ジンズにとっては意識せざるをえない存在だ。海外展開も中国からシンガポールへと積極的に展開しており、低価格のメガネの他にも機能性への対応、店舗運営や人材採用にも着目し新しい取り組みを展開している。

　機能面に着目したメガネでは、花粉症対策が施されたエアバイザー、エアバイザーウルトラを開発し S、M、L と 3 サイズのラインナップを用意したり [61]、家電ブランド「アマダナ」を手掛けるリアル・フリート社とパソコンなどからの光を防ぐ効果のあるレンズを組み込んだメガネを開発するなど [62]、ジンズに負けじと消費者の健康面でのニーズに応え、単なる低価格のメガネを提供するに留まらない。

　また店舗運営においてもスーパーマーケットのような路面店である「Zoff MART」を東京の自由が丘に出店したり [63]、メガネづくりの工程が見えるガラス張りの加工場を配置する「Zoff Marché」を展開するなど、家族連れや高齢者向けの商品を幅広く扱いライフスタイルを提案する取り組みも盛んだ [64]。子ども向けに人気キャラクターを採用した「Zoff SMART ～ミッキーマウスモデル～」[65] やサングラスでもディズニーキャラクターをモチーフにした「ディズニーコレクション / サング

60　株式会社インターメスティック『有価証券目論見書』2007 年 7 月、16 頁。
61　『産経新聞』2016 年 2 月 22 日大阪夕刊。
62　『日本経済新聞』2016 年 6 月 5 日。
63　『日本経済新聞』2015 年 10 月 2 日。
64　『日経産業新聞』2013 年 12 月 19 日。
65　『日経 MJ』2014 年 5 月 26 日 13 頁。

ラスパッケージ」を発売するなど [66]、子ども向けの市場開拓に積極的だ。

　加えて、人材の採用や定着率についても高い意識を持っている。採用においては会社の考え方に共感してもらい、ポジティブに楽しめるメガネを多くのお客様へ勧められる人材を求めており、4つの基本である「笑
5 顔」「あいさつ」「元気」「礼儀」を備え、さらにプラスアルファの要素を持ったタレントを重視している。実際、業務においてもファッションを提案していく対話の能力や、チームワークを意識し働けることが求められ、Zoff では個人のノルマはなく、あくまで「店」という 1 つのチームとして向上していけることを大切にしている。この他にも、OJT テ
10 キストを作成し、詰め込み型の教育ではなく、じっくり現場で育てる研修を行ったり、従業員の声を聴く VOE（ボイス・オブ・エンプロイ）という無記名調査を年に 2 度行い、勤務する店舗のリーダー、チーム、自分自身について評価したり、意見を述べたりする機会が与えられる。これらは店舗の改善や従業員満足度の向上につながっているという。

15 　その他、福利厚生面でもインフルエンザの予防接種については会社で全額負担したり、コミュニケーションの活発化を目的としたレクリエーション費用なども補助される。近年は女性特有のライフイベントに関する産休・育休・時短勤務制度なども整備し、産休からの復職率は 90%を超えるという。こうした取り組みもあり、Zoff の離職率は 2016 年
20 の 23.5%から 2019 年には 19.9%まで改善している [67]。

（3）富士メガネ

　富士メガネは、札幌市中央区の狸小路商店街に本店を構える非上場企業である。2019 年 12 月現在、札幌市内に 34 店舗（本店含む）、札
25 幌を除く北海道内に 22 店舗、青森県内に 4 店舗、関東に 6 店舗を展

---

66 『日本経済新聞電子版』2014 年 6 月 18 日。
67 『商業界』2019 年 10 月、73-75 頁。

開している。従業員数は 2018 年 11 月 1 日時点で 575 名（男性 325 名、女性 250 名）、また事業内容は「眼鏡、サングラス、補聴器、弱視眼鏡、光学機器の販売ならびに加工・修理」となっている[68]。表 2 のとおり、2018 年度の売上高は約 85 億円で、メガネ専門店の業種内では全国第 9 位にランクインしている。

　富士メガネの現会長兼社長である金井昭雄の父親の金井武雄は、北海道十勝管内の陸別に生まれた。雑貨店に奉公に出るも、聴力の弱さが原因で注文を取り違えることがしばしばあった。店主から、知人が経営する帯広のメガネ店を紹介されて武雄は転職、そこでメガネの知識や検査方法などを習得した。1939 年、29 歳で樺太（現サハリン）へ渡り、豊原市（現ユジノサハリンスク）の駅前に 4 坪半の広さの「富士眼鏡商会」を開店した。時をほぼ同じくして竹田コヨとの縁談もまとまった[69]。武雄は、内地で開催される研究会や勉強会に参加して技術の向上に努め、また当時としては珍しく、簡単な修理の無料サービスを導入するなどした。そのため、富士眼鏡商会は「親切な店」として評判を呼び、多くの島民に愛された[70]。

　終戦直後、徴用され静岡にいた武雄は復員、また妻コヨも長男の重博と次男の昭雄を連れて樺太から貨物船で稚内まで引き揚げ、一家は陸別で再会を果たした。ほどなく、武雄は新聞記事で旧日本領の預金封鎖の情報を知り、大急ぎで手続きを済ませて事なきを得た。こうして守った財産を原資として、1946 年 1 月、札幌の狸小路 4 丁目に「富士眼鏡店」の看板を掲げて店舗をオープンした[71]。一家も店舗の 3 階部分に移り住んだ。

68　富士メガネ＞企業情報＞会社概要（http://www.fujimegane.co.jp/company/outline.html）
69　坂本［2010］30-31 頁。
70　『開発こうほう』2009 年 3 月号、19 頁。
71　富士メガネの歩み（http://www.fujimegane.co.jp/history/）

27

1942 年生まれの昭雄の幼い頃の記憶は、この住まいで感じた「寒いな」という感覚からはじまる[72]。ソ連軍の侵攻を受けて、命からがら引き揚げてきたときの苦労話は、物心がついてからコヨに繰り返し聞かされたという[73]。

5　　昭雄は早稲田大学商学部 3 年生のとき、武雄から「アメリカで目の専門的な勉強をして、うちで働くように」といわれた。悩んだ末に意を決し、学部卒業後、1966 年に渡米した。ロサンゼルスの学校で予科、本科合わせて 6 年間の教育を受け、オプトメトリスト（視機能検査師）の資格を取得。現地のクリニックに 1 年ほど勤務した後、日本に帰国
10　した[74]。

　　富士メガネ（当時の商号は「メガネの富士」）は札幌、旭川、小樽、青森などに計 8 店舗、社員数 170 人の企業に成長していた[75]。入社した昭雄は、現場スタッフのスピードと正確さに舌を巻いた。来店客それぞれに適正なレンズの度数をほんの数分間で割り出していたのである。
15　だが、オプトメトリストの昭雄の目には、そんな社員の姿が物足りなくも映った。視力を測定しメガネを売るだけの店とは一線を画したい。昭雄は武雄社長に「研修会をやらせてほしい」と直訴した。留学時代に使った資料をもとにテキストを自作し、3 カ月間、ほぼ毎日、目のメカニズムや眼病などについて社員に講義した[76]。以来、オプトメトリー（視機
20　能検査）の知識をベースとした社内研修や社内教育は富士メガネの伝統として定着している。

　　現在の富士メガネには、アメリカで学んだオプトメトリストが 3 名

72　『北海道新聞』2006 年 10 月 12 日夕刊。

25　73　軽部・内田［2018］145 頁。

74　北海道新聞社編［2012］46 頁。

75　『北海道新聞』2006 年 10 月 16 日夕刊。

76　北海道新聞社編［2012］46 頁。

在籍している。昭雄会長と彼の2人の息子である。また、公益社団法人日本眼鏡技術者協会が認定する「認定眼鏡士」の資格取得者を全店に配置し、顧客が安心してメガネを購入できる体制を敷いている。2015年2月現在、社内には279人の認定眼鏡士がいる[77]。アフターケアにも力を入れており、2004年から導入したオンライン顧客管理システムによって、顧客はどの店舗でも適切なアフターサービスを受けることが可能である[78]。

　これらの取り組みは、「ビジョンケア」を追求するという富士メガネの理念と深く関わっている。「ビジョンケア」とは、視力だけでなく健康やライフスタイルを踏まえ、快適な「視生活」を末永くサポートすることである[79]。

　富士メガネは2010年3月、サービス産業生産性協議会が主催する第9回「ハイ・サービス日本300選」を受賞した。「サービス理念を明確にした人材育成により、付加価値の高いサービスの提供を実現」したことが受賞の理由であった。顧客の約8割がリピーターであることも言及されている。受賞を決定づけたもう1つの重要な要因が、社会貢献事業である。創業45周年を機に1983年にスタートした「海外難民視力支援ミッション」は、昭雄会長と従業員とで構成される「視援隊」が世界各地の難民キャンプを訪問、難民1人ひとりの視力を検査し、合致したメガネを寄贈するという取り組みである。従業員はこれらの経験を通し、改めて「見える」ということの喜びの大きさと自身の仕事の

77　サービス産業生産性協議会＞ハイ・サービス日本300選＞事例紹介＞株式会社富士メガネ（https://www.service-js.jp/modules/contents/?ACTION=content&content_id=642）

78　富士メガネ＞企業情報＞経営理念（http://www.fujimegane.co.jp/company/idea.html）

79　富士メガネクオリティ＞ビジョンケア（http://www.fujimegane.co.jp/quality/vision_care/index.html）

29

意義深さを実感することで、会社への誇りと仕事に対する使命感を身につけていると判断された。この社会貢献事業の功績は国際的にも認められ、2006年、国連難民高等弁務官事務所（UNHCR）より昭雄会長に対して、難民支援のノーベル賞といわれる「ナンセン難民賞」が贈られた[80]。

アメリカ留学中、昭雄はアリゾナの先住民・ホピ族の保護区でメガネ寄贈活動に携わった。そのときの経験が難民支援の原点である。富士メガネの社会貢献事業の対象は難民ばかりではない。1987年からは、肉親を探すために来日した中国残留日本人孤児たちにメガネを寄贈するプロジェクトを開始した。また、道内の盲学校に拡大読書機や弱視鏡、ルーペなどの機材を寄贈したり、盲学校教職員を対象にした講演、盲学校の生徒・教員のメガネ、弱視鏡の調整やクリーニングなどのサービスを実施したりもしている[81]。2018年9月6日に発生した北海道胆振東部地震の際には、罹災証明書持参者に対して16,200円相当のメガネを無償提供した[82]。昭雄会長いわく「難民支援の経験を生かし、素早く行動できた」[83]。富士メガネの善意の恩恵を受けた道民は3,000人以上にのぼった。

（4）その他の競合

眼鏡市場などを展開するメガネトップは、2013年にMBOによる上場廃止による経営転換によりスピーディーに経営を進め、2018年度の売上高は約771億円、店舗数は969店舗を数えるメガネ・コン

80　サービス産業生産性協議会＞ハイ・サービス日本300選＞事例紹介＞株式会社富士メガネ（https://www.service-js.jp/modules/contents/?ACTION=content&content_id=642）

81　坂本［2010］48-49頁。

82　『北海道新聞』2019年1月26日朝刊（札幌地方版）。

83　『日本経済新聞』2019年2月16日（地方経済面北海道）。

タクトレンズの業界最大手である。販売は眼鏡市場やALOOK（アルク）などブランドを分け展開、高価格から低価格まで対応できるようにし、自社工場もメガネの産地である福井県鯖江市に置き、自前での製販一体を強調する。Webでの販売にも当然対応しており、「MEGANE ICHIBA ONLINE SHOP」、「レンズダイレクト」とメガネ、コンタクトレンズ双方に対応できるようにしている[84]。

　その他、高齢者向けで特徴的なビジネスを展開するのは「ハズキルーペ」で認知度の高いHazuki Companyである。製品の企画から製造、そしてCM制作まで陣頭指揮をとる松村謙三会長は買収した企業が持っていたルーペの商品をレンズ、フレームと改良を加え、顧客の目をサポートできる商品開発を実現した。宣伝広告や媒体費にも100億円以上かけてプロモーションを進め、メリハリをもって資金を投入する。インパクトのあるCMで徐々に若年層への展開も広げている状況だ[85]。

6. さらなる成長への挑戦と課題

　このように縮小する市場で熾烈な競争が続けられる中、ジンズはさらなる成長を目指していくつもの施策を打ち出し、またそこで新たな課題に直面している。以下でこれらについて記述する。

（1）ロードサイドタイプ店舗の展開

　メガネ業界への参入時から長らくジンズの国内での店舗展開は、都心部や地方中核都市の大型ショッピングセンター、百貨店、駅ビル、ファッションビルといった商業施設内にテナントとして入ることにとくに重点

84　株式会社メガネトップホームページより（https://www.meganetop.co.jp/）
85　『ZAKZAK　by夕刊フジ』2018年7月24日（https://www.zakzak.co.jp/eco/news/180724/eco1807240007-n1.html）

31

を置いたものであった。

　しかしながら、国内においてより多くの販売機会を求めて積極的な出店を続ける中、近年はこれらのテナントタイプに加えて、とくにシニア層へのアプローチを狙って郊外ロードサイドタイプへの出店も進めている。このような店舗展開を推し進めた結果、2018年8月期末においてジンズの国内アイウエア総店舗数は349店まで伸びている。

　とはいえ、これまでジンズは単一の店舗フォーマットによる店舗展開を行ってきたため、新たなタイプの店舗についてはロケーションに合った店舗フォーマットやマーチャンダイズを模索している段階であり、今後の店舗展開の課題となっている[86]。

（2）JINS MEME

　JINS MEMEは、メガネフレームにセンサーを搭載し、利用者の体の傾き、眼球の動きやまばたきを測定し、それらのデータをスマートフォンの専用アプリにリアルタイムで送信し分析することで、自分の脳や体の状態を可視化するという画期的な機能性アイウエアである。JINS MEMEはメガネを視力矯正の道具ではなく、ヘルスケアのデバイスとして開発したものであるという[87]。

　このようなJINS MEMEの着想もまた産学連携から生まれたものである。また、この商品の開発にあたっては、ソフトウェアやアプリケーションの開発、システムの運用など、メガネメーカーであるジンズが門外漢である領域について積極的に外部の協力を求め、商品化に漕ぎ着けたという[88]。JINS MEMEは着想から数年間の開発期間を経て2014年5月に発表し、2015年11月に国内で発売された。価格は、3点

86　株式会社ジンズ『有価証券報告書』2018年8月期、9頁。
87　前田［2017］134頁。
88　前田［2017］135頁。

式眼電位センサーと 6 軸センサー (加速度とジャイロセンサー) を搭載
したウエリントンタイプが 39,000 円、6 軸センサーのみ搭載したス
ポーツサングラスタイプが 19,000 円であった[89]。

現在は、JINS MEME と連動するアプリの開発環境を公開し、この
商品の画期的な利用方法を模索している。

（3）海外展開

ジンズは、海外にも積極的に進出している。2010 年 12 月に中国
の瀋陽に海外第 1 号店を出店したのを皮切りに、新規出店を重ね、
2018 年 8 月期末において中国で 130 店舗を展開している。中国市
場ではさまざまな価格帯が出回っており、同社の価格に優位性はないが、
ジンズの日本ブランドとファッション性が受け入れられていることもあ
り、比較的好調であるという[90]。

また、2015 年 4 月には、サンフランシスコにアメリカ第 1 号店を
出店した。アメリカにおける店舗数は、2018 年 8 月期末において、
4 店舗となっている。アメリカは日本よりもメガネ販売に対する規制が
厳しく、度付きメガネの販売にはオプトメトリストの処方箋が必要であ
るという。ジンズは、アメリカのルールに合わせつつも、基本的には日
本のジンズと同じコンセプトを発信していくつもりであるという。

（4）オンラインの活用と購入体験の進化

ジンズは 2007 年にオンラインショップを開設している。メガネを
EC サイトで販売するための検討をはじめた際にぶつかった大きな課題
は、店頭で行っていた視力の測定とフレームの調整をどうするかであっ
た。検討を重ねた結果、ジンズは視力情報については、店頭で測定した

89　株式会社ジンズ『プレスリリース』2015 年 10 月 14 日。
90　田中［2014b］177 頁。

ものをオープンにし顧客に渡すこととした。また、フレームについては、調整のいらないフレームをつくることで解決しようとした。そのために、日本人の平均的な頭部模型を入手し、これをもとに日本人の顔にフィットするフレームサイズの最適値を導き出し、調整のいらないフレームを5 つくり出した。このようにして課題を克服することでメガネのオンラインショップを実現することができたのである。

　オンラインショップが軌道に乗るまでは3年ほどの時間がかかった。その間、少しずつ改善を進め、店頭で渡す処方箋やECサイトでの入力方法を見直し、顧客の属性や購買傾向等を分析しメルマガの内容を変え、10 またECサイトにコメント掲載機能やリコメンド機能を追加していった。このようにして構築されたECサイトは、先のJINS PC発売において大きな役割を果たした。2014年12月時点でJINS PCの約14%がオンラインショップ経由で販売されたという。上述した1日使い捨てコンタクトレンズ「JINS 1DAY」もオンラインショップから取り15 り扱いを開始している。

　また、2017年12月からは、JINSオリジナルアプリの提供がはじまった。ジンズはこのアプリによって、顧客が購入時のさまざまな悩みを解決することを、また店頭とオンラインを結合することで、メガネの買い物をより便利で気軽なものにすることを目指すという。具体的な機20 能としては、購入したメガネの保証書・度数情報の一括管理、メンテナンス時期や視力測定時期のお知らせ、店頭で気になる商品のQRコードを読み込むことにより商品情報の保管、近隣店舗の在庫確認、JINSマイル、Face Match等がある[91]。

　これらの機能を持つアプリを年間500万人に達するジンズの顧客基25 盤に広めることで、ジンズはオムニチャネル化とともに今までオンラインショップの顧客に留まっていたCRMを来店客にまで広げ推進すると

91　株式会社ジンズ『プレスリリース』2017年10月13日。

いう[92]。2018 年 8 月において、JINS オリジナルアプリの累計ダウンロード数は 180 万に達したという[93]。

5

10

15

20

25

92　株式会社ジンズ『有価証券報告書』2018 年 8 月期、20 頁。
93　株式会社ジンズ『有価証券報告書』2018 年 8 月期、19 頁。

ジンズホールディングス財務データ等

連結貸借対照表データ	2013年8月期	2014年8月期	2015年8月期	2016年8月期	2017年8月期	2018年8月期
流動資産	13,889	9,818	12,424	12,499	15,696	15,721
現金預金	6,362	3,245	4,889	4,349	6,860	5,531
売上債権	2,728	2,460	2,686	2,990	3,305	3,418
棚卸資産	4,027	2,985	3,931	4,354	4,506	5,001
固定資産	7,725	10,970	12,051	13,608	14,559	15,716
有形固定資産	4,555	6,004	7,231	7,680	7,893	8,725
無形固定資産	691	944	1,112	1,593	1,867	1,848
投資その他	2,479	4,022	3,709	4,334	4,799	5,142
総資産	21,615	20,788	24,662	26,232	30,354	31,499
流動負債	7,613	6,328	8,320	7,645	9,327	8,452
仕入債務	944	846	1,458	1,215	1,655	1,484
短期借入金	891	228	1,109	1,426	1,900	1,223
長期借入金（1年内）	874	1,230	1,075	509	386	369
リース債務	264	378	555	678	692	606
固定負債	1,869	2,042	2,362	3,353	3,510	3,339
長期借入金	1,107	1,079	934	1,855	1,560	1,225
リース債務	635	765	1,000	1,148	1,127	816
負債合計	9,482	8,370	10,682	10,999	12,838	11,792
純資産	12,132	12,419	13,980	15,232	17,515	19,707

連結損益計算書データ	2014年8月期	2015年8月期	2016年8月期	2017年8月期	2018年8月期
売上高	36,150	40,699	46,189	50,451	54,872
売上原価	9,956	10,375	11,661	12,508	13,416
販管費	23,221	26,740	30,844	32,540	35,384
人件費	6,065	7,547	8,916	9,576	10,359
地代家賃	5,196	6,882	7,831	8,670	9,041
広告宣伝費	3,164	2,080	2,420	1,850	1,898
減価償却費	1,501	1,845	2,160	2,217	2,369
営業利益	2,973	3,585	3,683	5,402	6,071
営業外収益	108	42	100	72	61
営業費用	152	146	179	247	505

	2014年 8月期	2015年 8月期	2016年 8月期	2017年 8月期	2018年 8月期
支払利息	37	56	86	142	152
経常利益	2,929	3,481	3,604	5,227	5,627
税引前利益	2,293	3,298	3,331	4,465	4,909
当期純利益	1,245	1,902	1,980	2,767	3,097

連結キャッシュフローデータ	2014年 8月期	2015年 8月期	2016年 8月期	2017年 8月期	2018年 8月期
営業キャッシュフロー	2,806	4,311	2,449	6,339	4,742
減価償却費	1,501	1,845	2,160	2,217	2,369
売上債権増減	268	-110	-370	-298	-111
棚卸資産増減	596	-706	-571	-100	-488
投資キャッシュフロー	-4,255	-2,848	-2,629	-2,406	-3,064
有形固定資産の取得	-2,605	-2,146	-1,352	-1,667	-2,102
敷金・保証金の差入	-1,082	-464	-548	-457	-365
敷金・保証金の回収	146	146	123	98	155
財務キャッシュフロー	-1,671	-506	-116	-1,548	-2,996
短期借入金の増減	-714	525	605	378	-708
長期借入金の増減	327	-301	357	-417	-352
配当金の支払	-957	-240	-383	-599	-862

その他定量データ	2014年 8月期	2015年 8月期	2016年 8月期	2017年 8月期	2018年 8月期
国内アイウエア売上高	33,698	37,931	39,072	42,206	45,067
国内アイウエア店舗数	267	287	307	323	349
従業員数（個別）	875	1,524	1,830	1,878	2,047

注：金額の単位はすべて百万円。
出所：各年度の有価証券報告書から作成。2014年8月と2015年8月については、
　　　千円単位から百万円単位へ変更した。

37

三城ホールディングス財務データ等

連結貸借対照表データ	2013年3月期	2014年3月期	2015年3月期	2016年3月期	2017年3月期	2018年3月期
流動資産	29,854	31,569	32,892	32,461	33,269	33,027
現金預金	14,332	14,642	15,790	15,693	17,408	17,286
売上債権	3,277	4,041	3,257	2,966	2,926	3,325
棚卸資産	9,658	10,308	11,034	11,375	11,688	11,304
固定資産	22,224	22,219	20,295	18,606	14,657	12,991
有形固定資産	6,174	5,646	5,709	5,410	5,308	4,337
無形固定資産	1,526	1,690	1,606	1,254	1,028	717
投資その他	14,523	14,881	12,978	11,941	8,320	7,936
総資産	52,079	53,788	53,187	51,067	47,926	46,019
流動負債	7,417	8,915	12,046	11,425	11,580	11,555
仕入債務	1,570	1,852	1,895	1,803	1,820	1,714
短期借入金	1,382	1,664	1,988	5,751	5,781	5,808
長期借入金（1年内）	-	-	4,000	-	500	2
リース債務	86	51	33	23	12	13
固定負債	4,827	4,869	1,467	1,830	1,284	1,384
長期借入金	4,000	4,000	600	1,066	532	500
リース債務	91	40	47	24	23	21
負債合計	12,244	13,785	13,514	13,256	12,865	12,940
純資産	39,834	40,003	39,673	37,811	35,060	33,078

連結損益計算書データ	2014年3月期	2015年3月期	2016年3月期	2017年3月期	2018年3月期
売上高	56,903	54,342	53,727	49,881	50,406
売上原価	18,414	17,260	17,529	16,198	16,744
販管費	37,680	36,906	35,928	34,084	33,391
人件費	18,281	18,024	17,701	16,733	16,617
地代家賃	9,730	9,515	9,347	9,001	8,942
広告宣伝費	1,413	1,146	998	648	566
減価償却費	1,250	1,139	1,163	1,162	1,065
営業利益	808	175	269	-400	270
営業外収益	326	570	243	337	358
営業外費用	99	111	338	553	165

38

	2014年 3月期	2015年 3月期	2016年 3月期	2017年 3月期	2018年 3月期
支払利息	43	46	48	28	27
経常利益	1,035	635	174	-616	463
税引前利益	997	706	-97	-1,023	-828
当期純利益	438	178	-640	-1,720	-1,156

連結キャッシュフローデータ	2014年 3月期	2015年 3月期	2016年 3月期	2017年 3月期	2018年 3月期
営業キャッシュフロー	2,065	175	1,095	-42	1,987
減価償却費	1,387	1,289	1,242	1,267	1,151
売上債権増減	-7	353	81	-27	-327
棚卸資産増減	-395	-499	-391	-414	454
投資キャッシュフロー	-137	2,876	-1,360	-290	-759
有形固定資産の取得	-739	-983	-844	-1,113	-895
敷金・保証金の差入	-172	-184	-67	-288	-184
敷金・保証金の回収	760	563	579	493	516
財務キャッシュフロー	-806	-149	-694	-896	-1,621
短期借入金の増減	238	265	3,833	80	-13
長期借入金の増減	-	600	-3,533	23	-530
配当金の支払	-927	-927	-926	-926	-866

その他定量データ	2014年 3月期	2015年 3月期	2016年 3月期	2017年 3月期	2018年 3月期
国内売上高	49,572	46,962	46,288	43,412	43,880
国内店舗数	867	846	822	806	767
国内従業員数	2,554	2,474	2,391	2,327	2,245

注：金額の単位はすべて百万円。
出所：各年度の有価証券報告書、決算説明資料から作成。

39

愛眼財務データ等

連結貸借対照表データ	2013年3月期	2014年3月期	2015年3月期	2016年3月期	2017年3月期	2018年3月期
流動資産	8,716	8,547	7,964	8,035	8,163	8,636
現金預金	5,117	4,428	4,702	4,749	4,901	5,014
売上債権	948	1,173	753	760	753	937
棚卸資産	2,434	2,800	2,384	2,285	2,280	2,213
固定資産	10,187	10,021	9,464	9,299	8,609	8,213
有形固定資産	3,444	3,444	3,155	3,128	3,028	3,076
無形固定資産	2	75	–	169	69	49
投資その他の資産	6,740	6,501	6,309	6,000	5,511	5,087
総資産	18,903	18,568	17,429	17,334	16,773	16,849
流動負債	1,927	2,005	1,802	1,742	1,979	1,999
仕入債務	770	733	540	494	547	540
長期借入金（1年内）	65	60	60	60	225	–
固定負債	955	965	1,190	1,153	802	678
長期借入金	405	345	285	225	–	–
リース債務	0	–	298	359	240	124
負債合計	2,882	2,971	2,993	2,896	2,781	2,677
純資産	16,020	15,596	14,436	14,438	13,991	14,171

連結損益計算書データ	2014年3月期	2015年3月期	2016年3月期	2017年3月期	2018年3月期
売上高	16,996	15,988	16,563	15,957	16,344
売上原価	5,433	5,079	5,082	4,954	5,012
販管費	11,885	11,320	11,363	11,054	11,092
人件費	4,519	4,393	4,431	4,220	4,342
地代家賃	2,742	2,662	2,662	2,572	2,552
広告宣伝費	1,163	852	793	816	733
減価償却費	220	214	178	185	163
営業利益	-321	-411	118	-51	239
営業外収益	228	148	147	141	135
営業外費用	104	77	55	78	57
支払利息	5	4	3	3	1
経常利益	-198	-341	210	11	317

40

	2014年3月期	2015年3月期	2016年3月期	2017年3月期	2018年3月期
税引前利益	-357	-1,143	139	-293	297
当期純利益	-454	-1,237	43	-390	181

連結キャッシュフローデータ	2014年3月期	2015年3月期	2016年3月期	2017年3月期	2018年3月期
営業キャッシュフロー	-367	477	356	228	593
減価償却費	220	214	178	185	163
売上債権増減	-223	421	-7	7	-184
棚卸資産増減	-357	419	97	1	69
投資キャッシュフロー	420	-142	-120	161	-142
有形固定資産の取得	-588	-214	-188	-222	-268
敷金・保証金の差入	–	–	–	–	–
敷金・保証金の回収	–	–	–	–	–
財務キャッシュフロー	-65	-81	-163	-219	-346
短期借入金の増減	–	–	–	–	–
長期借入金の増減	-65	-60	-60	-60	-225
配当金の支払	0	0	0	-38	0

その他定量データ	2014年3月期	2015年3月期	2016年3月期	2017年3月期	2018年3月期
メガネ小売	16,031	15,037	15,639	15,083	15,546
メガネ卸売	–	–	–	600	565
従業員数（個別）	821	786	758	748	744

注：金額の単位はすべて百万円。
出所：各年度の有価証券報告書から作成。

41

参考文献

【書籍・雑誌記事】

飯山辰之介［2011］「ジェイアイエヌ（メガネの製造小売り）ファストメガネで再生」『日経ビジネス』1月24日号、50-54頁。

井上理［2014］「JINS、ウエアラブル新商品の勝算」『日経ビジネス』5月19日号、14頁。

一般財団法人北海道開発協会［2009］『開発こうほう』「地域事例③ "見る喜び" を海外の難民にも〜富士メガネの社会貢献活動〜」3月号（通巻548号）。

株式会社インターメスティック［2007］『有価証券目論見書』。

株式会社ジンズ『有価証券報告書』2006年8月期〜2018年8月期。

株式会社ジンズ『決算説明資料』2006年8月期〜2018年8月期。

株式会社ジンズ『プレスリリース』2014〜2018年。

株式会社三城ホールディングス『有価証券報告書』2014年3月期〜2018年3月期。

株式会社三城ホールディングス『決算説明会プレゼンテーション』2017年8月期〜2018年3月期。

軽部大・内田大輔［2018］「ビジネス・ケース（No.142）富士メガネ：ビジョンが未来を切り拓く」『一橋ビジネスレビュー』第65巻第4号、142-157頁。

Gfkジャパン［2019］『プレスリリース』3月26日。

坂本光司［2010］『日本でいちばん大切にしたい会社2』あさ出版。

関谷浩行［2019］「富士メガネの価値創造経営：BSCの規制と社会のプロセスからの検討」『開発論集』第103号、59-76頁。

田中仁［2014a］「編集長インタビュー「研究開発型」SPA目指す［ジェイアイエヌ社長］田中仁氏」『日経ビジネス』4月21日号、68-71頁。

田中仁［2014b］『振り切る勇気〜メガネを変えるJ!NSの挑戦』日経BP社。

42

田中仁［2015a］「経営教室 新しい「当たり前」を作り続ける」『日経ビジネス』4月6日号、70-72頁。

田中仁［2015b］「経営教室 研究開発型 SPA へ組織を再構築」『日経ビジネス』4月13日号、68-70頁。

田中仁［2016a］「社長の学校 顧客創造 田中仁氏（第1回）事業の根っこを明確にする」『日経トップリーダー』1月1日号、58-60頁。

田中仁［2016b］「社長の学校 顧客創造 田中仁氏（第2回）「そんなの無理」を覆す」『日経トップリーダー』2月1日号、54-56頁。

田中仁［2016c］「「Magnify Life」というビジョンの下でまだ見ぬメガネの未来を考え抜く（インタビュアー 米倉誠一郎）」『一橋ビジネスレビュー』第64巻第3号、160-170頁。

田中仁［2018］「更なる急成長へ向けメガネブランドから脱皮／ジンズ 代表取締役社長 田中 仁」『企業家倶楽部』2月27日号、48-49頁。

北海道新聞社編［2012］『トップの決断〜北の経営者たち』北海道新聞社。

前田剛［2017］「ものつくるひと(第92回)JINS MEME(ジンズ ミーム) 井上一鷹 ジンズ JINS MEME グループマネジャー」『週刊ダイヤモンド』10月28日号、134-135頁。

【新聞記事】

『産経新聞』（大阪夕刊）2016年2月22日。

『日経産業新聞』2013年12月19日。

『日本経済新聞』（電子版）2014年6月18日。

『日本経済新聞』2015年10月2日。

『日本経済新聞』2016年6月5日。

『日本経済新聞』（地方経済面北海道）2019年2月16日。

『北海道新聞』2006年10月12日夕刊。

『北海道新聞』2006年10月16日夕刊。

『北海道新聞』（札幌地方版）2019年1月26日朝刊。

43

第4章
ケース分析の具体例
—ジンズのケースレポート—

　本章では、ジンズのケースレポートの一例を紹介します。ケース分析には統合ケース分析と分野別ケース分析があります。統合ケース分析とは、財務・会計、マーケティング、組織、戦略の分析ツールを使い、特定企業を全社的視点から分析するものです。これに対し、分野別ケース分析では、財務・会計、マーケティング、組織、戦略のいずれか1つの分野に焦点を当てて分析します。本章で紹介するのは、統合ケース分析です。

　ここで注意していただきたいことは、ケース分析は正しい唯一の答えを導くことを目的としているわけではない、という点です。重要なのは、さまざまな可能性や選択肢を検討し、その効果とリスクを分析したうえで意思決定を行うことにあります。ケース分析では推奨案や実行プランを示しますが、そうした案を導くまでのプロセスが論理的で説得力があるかどうかという点が重要になります。

　本章で紹介するケースレポートは、あくまでも1つのサンプルであり、正解例ではありません。ジンズのケースを分析する際の1つの見方を提示しているに過ぎません。

　このケース分析の課題は次のとおりです。

課題：ジンズが抱える問題点を明らかにし、成熟化の進む国内市場において同社がさらなる成長を図るためにいかなる戦略を実行すべきか、という観点から解決策を提示しなさい。

本章で紹介するケースレポートのフォーマットは、以下のようになっています。

---

0. エグゼクティブ・サマリー

1. 現行戦略

2. 現状分析

3. 問題点および戦略課題

4. 戦略代替案

5. 推奨案と実行プラン

小樽商科大学ビジネススクール

 ケースレポート
株式会社ジンズホールディングス

202X 年 X 月 X 日
学生番号：XXXX
氏名：商大　太郎

エグゼクティブサマリー

（1）ジンズの現行戦略

　株式会社ジンズ（以下、ジンズ）の現行戦略の特徴は、（1）調達先を絞った大量調達による大幅なコスト削減、（2）デザイン性・ファッション性に優れたアイウエアの提供、（3）店舗・EC、オペレーション、プロモーションが一体となったファスト販売体制、（4）明瞭かつ競争力のある価格体系、（5）産学連携を活用した機能性アイウエアの提供である。近年はさらに、海外への店舗の展開、アプリの提供によるオムニチャネル化を推進している。

（2）ジンズの問題点および戦略課題

　ジンズの抱える問題点は「メガネ市場の成熟化と競合による模倣」「広告宣伝費の過剰な削減」「販売効率に特化した店舗体制」「新ビジョンを戦略に落とし込めていない」「Web・店舗の連携不足」である。これらの問題を克服し、さらなる成長に向かうための戦略課題は、「Magnify Life」のビジョンを具体化した新商品を顧客ニーズに沿って持続的に開発するための情報収集の仕組みを構築することである。

（3）戦略代替案

　上記の戦略課題を解決する代替案は次の2つである。

【A案：健康状態見守りアイウエアの販売戦略】

　見守りが必要な人とその家族をターゲットとして、装着者の状態についてのリアルタイム情報収集機能を持たせた機能性アイウエアを開発し、それらを活用したサービスを提供するとともに、収集したデータから顧客ニーズを発掘していく。

【B案：情報収集型小型無人店舗の展開戦略】

　アイウエアで悩んでいる人をターゲットとして、コンシェルジュ機能を持たせた大画面情報端末を設置したショールーム型小型無人店舗を展開し、顧客へ

1

のアフターフォローや情報提供を行うと同時に、顧客の反応データから顧客ニーズを発掘していく。

（4）推奨案と実行プラン

　推奨案は、確実性とジンズの抱える問題点への持続的な対処という観点から、B案の「情報収集型小型無人店舗の展開」である。この戦略を成功させるポイントは、極狭スペースであっても設置可能な情報端末の開発、低コストでの運用体制の構築および他企業とのコラボによる広範な展開、そして顧客を惹きつけるコミュニケーションコンテンツの継続的な開発と提供である。

以上

目次

第1章　現行戦略

　ジンズの現行戦略は一言でいえば「メガネのファスト化」である。ユニクロやZARA等は商品を大量生産して製造コストを下げ、短期間に売り切ることで規模を拡大してきた。ファストファッションと呼ばれるこの仕組みを、ジンズはメガネに持ち込んでいる。

　ジンズではアイウエアを5,000円・8,000円・12,000円の3プライスで販売しているが、この価格にはレンズとケースも含まれ、カラーレンズと遠近両用レンズを除き追加料金は発生しない。追加料金なしの「オールインワンプライス」戦略は、レンズとフレームを組み合わせて異なる価格設定を提供する多くの競合他社とジンズとを差別化するものである。特筆すべきは、販売価格がすべての競合他社を大きく下回る水準であるにもかかわらず、原価率は旧態系のメガネチェーンを下回っている点である。透過率など性能によって大きく価格に差の出るレンズを一律に低価格化するために、ジンズはレンズメーカーを1社に絞り、一括購入することで大幅なコスト削減を実現している。

　また、ジンズはメガネのデザイン性・ファッション性を強調している点も特徴的である。これまでメガネはアパレルほど消費者の趣味嗜好が分化していないといわれており、旧態系のメガネチェーンでは老若男女を問わないデザインの品揃えを行うところが多かった。しかしジンズは商品ラインナップを素材やデザインによる分け方ではなく、利用シーンに合わせて品揃えし、かつ外部デザイナーとのコラボレーション等によりデザイン性を高める取り組みを行っている。

　つまり、ジンズは商品の企画・開発段階から販売まで、すべてを自社で賄い、「Air frame」や「JINS PC」といった機能性アイウエアなど「独自性の高い商品」を「少品種大量生産」するビジネスモデルを確立することで「メガネのファスト化」を実現しているといえる。

　さらにジンズは「メガネのファスト化」に留まらない経営戦略を模索している。ジンズがこれまで率先してきた「アイウエアを『視力補正』だけに留まら

4

ず、ファッション性と機能性を兼ね備えた『ライフスタイル・ギア』と捉える」という考え方は、競合他社の追随などによりコモディティ化が進んできている。

　顧客のさらなる期待に応えるべく、目に役立つといわれる光を取り込む「バイオレットライトレンズ」や脳や体の状態を可視化するセンサーを搭載した「JINS MEME」など革新的な商品を開発する他、これらの新しい価値提案を発信するための旗艦店舗や、PC・スマートフォンで顧客の視力数値や購買情報などを提供する「JINSオリジナルアプリ」の開発等、新たな価値提案に取り組み、顧客にとって「安いから買う」から「JINSだから買う」といわれるための変革に挑戦している。

5

第2章　現状分析

　現状分析として、財務分析、組織分析、マーケティング分析を行う。なお、財務分析は競合分析を含めた成長性分析、収益性分析、安全性分析（キャッシュフロー分析含む）、組織分析はバリューチェーン分析、マーケティング分析はマーケティング・ミックスによる分析を行い、各々その問題点を明らかにする。

2-1　財務分析

（1）成長性分析

　まず、ジンズの売上高・営業利益の関係を図1に、各成長率を図2に示す。

　売上高は2014年8月期以降、毎年増加している。しかし、その成長率は2016年8月期以降、徐々に減少しており、2018年8月期は8.8％の成長となった。営業利益率は2014年8月期には8.2％であったが、近年さらに伸びており2018年8月期には11.1％まで上昇している。総資産成長率についても営業利益と同様の傾向で上昇している。

【図1】売上高、営業利益（および営業利益率）の推移

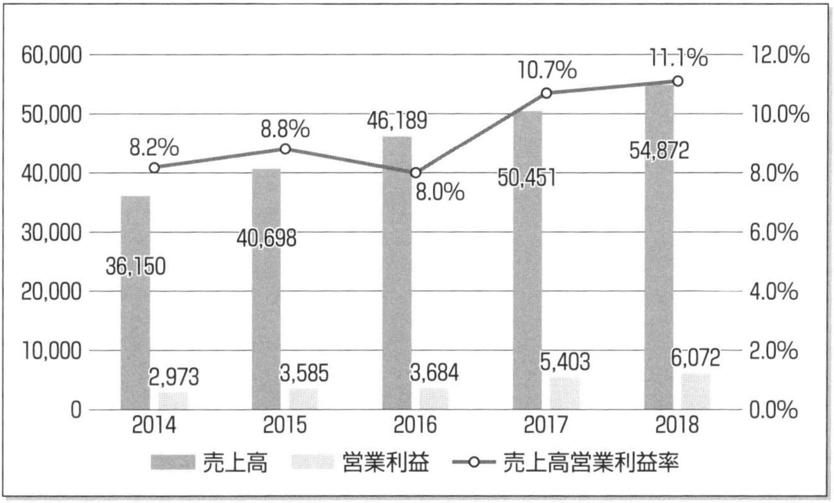

出所：各年度の有価証券報告書に基づいて筆者が作成。

6

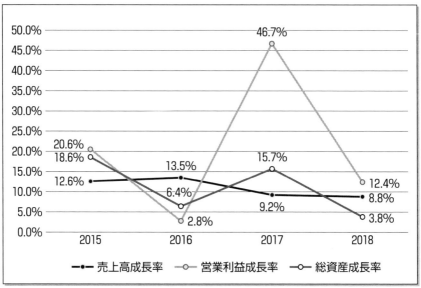

【図2】 売上高成長率、営業利益成長率、総資産成長率の推移

出所：各年度の有価証券報告書に基づいて筆者が作成。

　次に競合企業と比較した売上高および売上高成長率を図3、図4に示す。競合企業として、メガネ小売業大手の三城ホールディングス（以下、三城ＨＤ）、愛眼と比較する。まず、三城ＨＤが2016年まで業界トップの売上高であったが、年々売上高が減少した結果、2017年にジンズが追い抜き、ジンズが業界売上高トップとなった。売上高成長率についても、国内のメガネ一式市場全体の縮小を示すように他社が過去5年にわたってはほぼゼロ成長かマイナス成長である一方、ジンズは毎年堅調な成長を続けている。しかし、その成長率は年々減少しており、現行戦略のもとでの成長には徐々に陰りがみえはじめている。

7

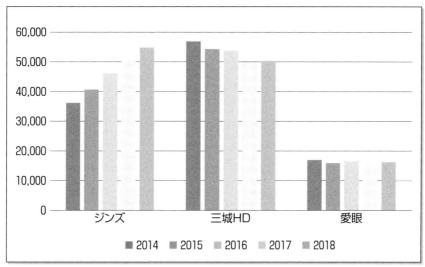

【図3】 競合企業　売上高推移比較

出所：各年度の有価証券報告書に基づいて筆者が作成。

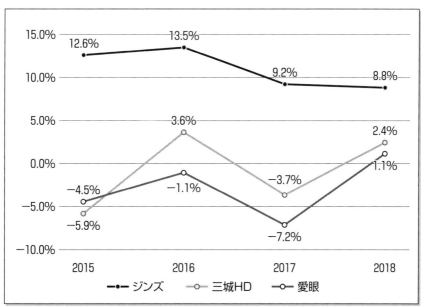

【図4】 競合企業　売上高成長率推移比較

出所：各年度の有価証券報告書に基づいて筆者が作成。

8

ジンズは近年、従業員も増やしている。そこで、従業員数の変化と従業員１人当たりの売上高の関係についても図５で確認する。2015年８月期に従業員数を急増させたことから、１人当たり売上高が前年比で大きく減った。そして、その後も従業員は増加しているが、１人当たりの売上高は微減が続いており、従業員の生産性という観点からは悪化している。従業員と同様に、国内店舗数も毎年順調に増加している。図６で確認できるように、国内の１店舗当たり売上高は、2017年８月期までは順調に伸びていたが、2018年８月期には減少に転じた。

【図5】従業員1人当たり売上高の推移

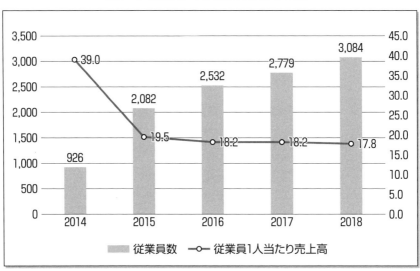

出所：各年度の有価証券報告書に基づいて筆者が作成。

　つまり、店舗数の増加により売上高は伸びているものの、従業員１人当たり売上高や１店舗当たりの売上高は伸び悩んでいることが読み取れる。2007年に開始したECサイトの売上高も相当規模に育っているので、店舗の状況だけで判断することは危険であるが、従業員１人当たり売上高も伸び悩んでいることから、必ずしも競争力・生産性の向上による成長は成し遂げられていない可

9

能性が指摘される。

【図6】国内1店舗当たり売上高の推移

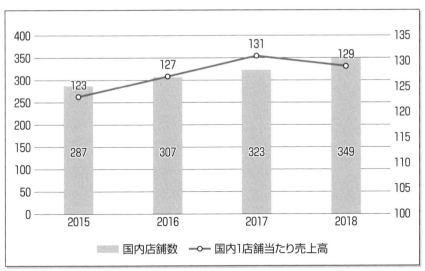

出所：各年度の有価証券報告書に基づいて筆者が作成。

（2）収益性分析

つぎにROA分析の結果を図7に示す。ROA（総資産営業利益率）は2016年度までは14％程度であったが、2017年8月期以降上昇し、2018年8月期には19.3％に達した。この要因を、ROAの構成要素である売上高営業利益率と総資産回転率の変化で確認すると、営業利益率の増減とほぼ同じ傾向であり、営業利益率が上昇したことにより、ROAも上昇したことが読み取れる。

また、競合企業とのROA比較を図8に、営業利益率の比較を図9に示す。各競合がROA、営業利益率ともにマイナス（赤字）もしくは1％前後で推移していることに対し、ジンズは高位で推移しており収益力を確保している。これは、縮小する市場において旧態依然のビジネスモデルを行う競合各社が売上高も利益率も伸び悩んでいる中、ジンズはSPA企業として売上高・利益額ともに一定の成長と利益率を獲得していることが読み取れる。

10

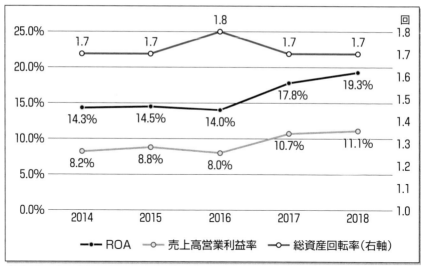

【図7】ROA、営業利益率、総資産回転率の推移

出所：各年度の有価証券報告書に基づいて筆者が作成。

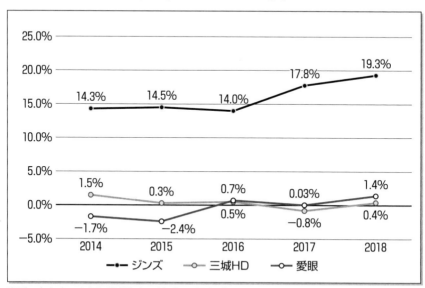

【図8】競合企業　ROA推移

出所：各年度の有価証券報告書に基づいて筆者が作成。

11

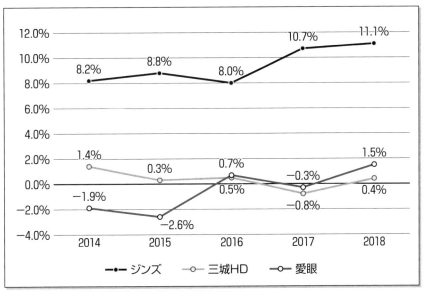

【図9】競合企業　営業利益率推移

出所：各年度の有価証券報告書に基づいて筆者が作成。

　次に、営業利益率を販管費率と売上原価率に分けて分析する（図10）。売上原価率については2014年8月期の27.5％から毎年改善しており、2018年8月期までの5年間で約3ポイント減少し、直近は24.4％となっている。これは、継続的なコストダウンによる原価の緩やかな低下、および2017年に実施された価格改定（高価格帯商品の導入）によるメガネ1本当たり販価の上昇が影響を与えたものと考えられる。また、競合との売上原価率についても比較を行うと（図11）、SPA企業であるジンズは従来のメガネ業界と比較して、原価率で明確に優位にあることがわかる。

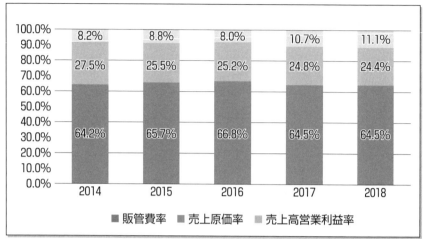

【図10】営業利益　内訳の推移

出所：各年度の有価証券報告書に基づいて筆者が作成。

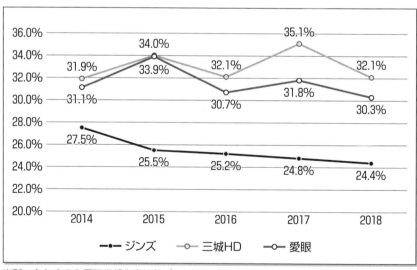

【図11】競合企業　売上原価率推移

出所：各年度の有価証券報告書に基づいて筆者が作成。

販管費率については2016年8月期に66.8%まで上昇したが、近年はこの数値も改善しており、2018年8月期には64.5%となった。内訳をみると（図12）、2014年8月期に売上高の8.8%を投じていた広告宣伝費の割合を年々削減しており、2016年8月期には5.2%、2018年8月期には3.5%と2014年8月期の半分以下の割合まで削減し、金額ベースでも2014年8月期の6割程度まで減少している。一方、地代家賃と給与手当に占める割合は近年ほぼ一定であり、販管費率が改善している要因の1つは広告宣伝費の削減ともいえる。また、研究開発部門を設立し産学連携により進める研究開発については、過去5年間に財務諸表上で研究開発費の計上が確認できない。

したがって、営業利益率が上昇している原因としては、2016年8月期以降、とくに売上原価率、販管費率がともに大きく減少していることが効いており、コストダウンおよび販価改定による売上原価率の改善および、広告宣伝費の削減による販管費率の低下が影響したものと考えられる。広告宣伝費は、経営者の裁量で支出額を決められるものであり、この削減により利益率の改善が実現

【図12】 販管費率　内訳の推移

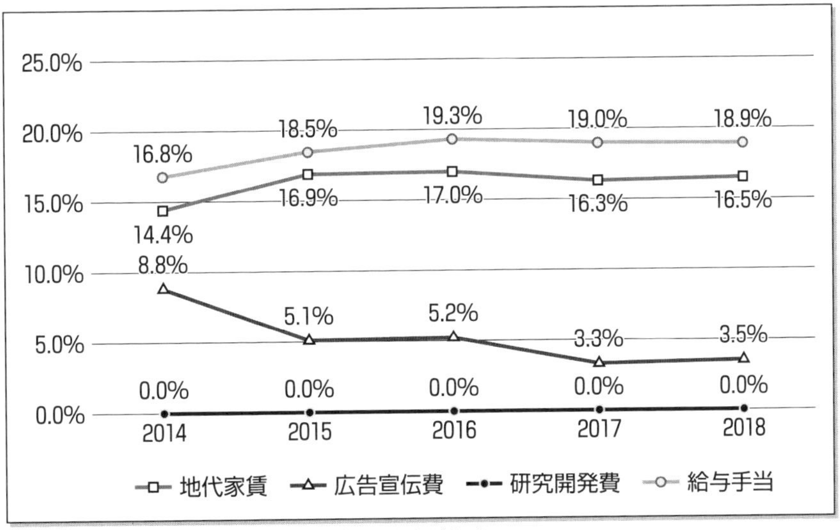

出所：各年度の有価証券報告書に基づいて筆者が作成。

14

されているということは、本来必要な商品のプロモーションやブランド構築に対して十分な資源が配分されていない可能性が指摘される。

　次に、図13で効率性を表す各回転率の分析を行う。総資産回転率は毎年大きな動きはなく、ほぼ一定に推移しており、その内訳である売上債権回転率、棚卸資産回転率、固定資産回転率ともに若干の変動はあるものの問題があるほどではない。一方、支払債務回転率については、資産科目の回転率と比較すると変動が大きいものの、売上に対する金額と比較すると、これも影響があるとはいえない程度である。ただし、成長性分析でも触れたが1店舗当たり売上高および従業員1人当たり売上高は低下傾向にあり、個別の店舗でのオペレーションの効率は低下していることには注意を要する。

【図13】各回転率の推移

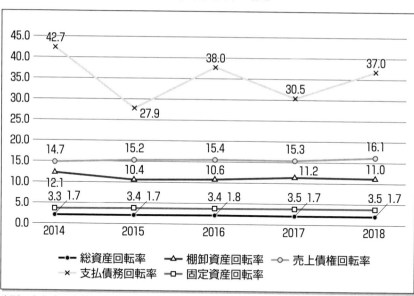

出所：各年度の有価証券報告書に基づいて筆者が作成。

（3）安全性分析

　図14に流動比率、当座比率、固定比率、負債比率を示す。流動比率および当座比率は2014年8月期以降上昇傾向であり、流動比率は2018年8月期で186.0％と問題はない水準である。また、当座比率も2014年8月期には90.2％と安全性の目安となる100％を割っていたが、2018年8月期には105.9％と改善している。また、負債比率、固定比率はいずれも100％を割っており、これも水準として問題はない。なお、負債比率は2018年度に大きく減少しているが、これは後述のキャッシュフロー分析で指摘するとおり有利子負債の返済によるものである。

【図14】流動比率、当座比率、固定比率、負債比率の推移

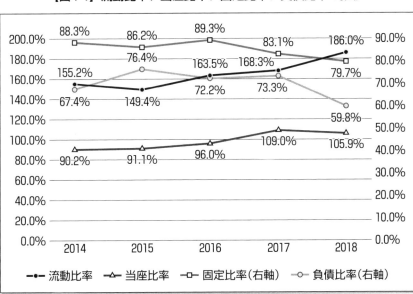

出所：各年度の有価証券報告書に基づいて筆者が作成。

（4）キャッシュフロー分析

　最後にキャッシュフロー分析を行う（図15）。過去5年間において、常に営業活動によるキャッシュフローはプラスとなっている。したがって、年度によ

16

る増減はあるものの、キャッシュフロー上は本業の業績に問題はない。また、投資活動によるキャッシュフローも常にマイナスであり、店舗増設など積極的な投資を行っている。財務活動によるキャッシュフローは常にマイナスであり、近年は有利子負債を減らしていることが読み取れる。一方、フリーキャッシュフローについては、2014年8月期、2016年8月期がマイナスとなっていたが、2017年8月期以降は改善し、フリーキャッシュフローもプラスで推移している。

【図15】キャッシュフロー推移

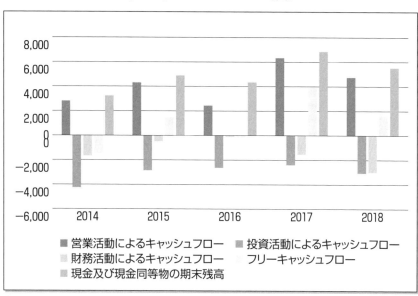

出所：各年度の有価証券報告書に基づいて筆者が作成。

　最後にキャッシュフローの源泉と配分先について分析を行う（図16、図17）。主なキャッシュフローの源泉は近年、営業キャッシュフローと有利子負債の借入れである。2016年8月期までは毎年15〜20億円程度を有利子負債の借入れにより調達していたが、2017年8月期以降はCFOが47〜60億円と大きく増加したこともあり、借入れは大きく減少している。一方、キャッシュフ

17

ローの配分先は、毎年18〜25億円程度を新規店舗出店など固定資産に投資している。そのため、敷金・保証金にも2〜5億円程度の投資がある。また、配当による支出も増加傾向であり、2018年8月期は増配もともない8.6億円を支出した。負債返済も増加傾向であり、2018年8月期は20億円以上の負債返済を行っている。つまり、営業キャッシュフローの増加により調達金額は増加し、有利子負債の借入れは減っている。しかし、固定資産への投資は大きく増加しておらず、配当や有利子負債返済などキャッシュの社外流出が増えている。これは、増加するキャッシュフローを社外に流出させるしか使い道がないと考えられ、キャッシュの増加に見合った成長投資ができていない可能性がある。

【図16】キャッシュフロー源泉

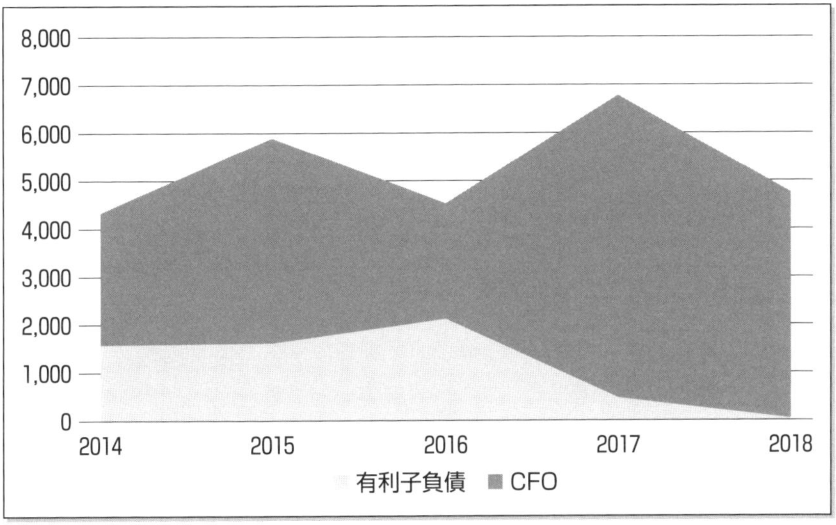

出所：各年度の有価証券報告書に基づいて筆者が作成。

18

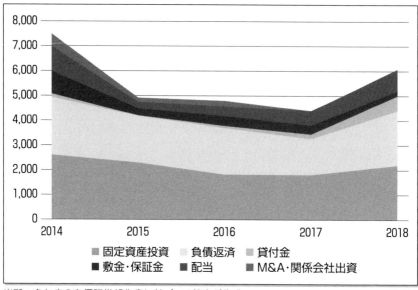

【図17】キャッシュフロー配分先

出所：各年度の有価証券報告書に基づいて筆者が作成。

（5）財務上の問題点

・売上高成長率は競合と比較して高いものの、年々成長率は鈍化している。また、全体の売上高は増加しているものの、これは主として出店増によるものであり、従業員1人当たり売上高や1店舗当たり売上高は低迷している。

・広告宣伝費の削減が著しく、ブランド構築など必要とされるプロモーション施策に十分な資源が投下できていないおそれがある。

2-2 組織分析

　組織分析では、「企画・開発」「仕入・生産」「マーケティング・販売・アフターフォロー」のバリューチェーンの各段階における活動とそれらの活動を支援する組織上の強み・弱みを把握することで、ジンズの組織上の問題点を明らかにする。

19

【図18】 バリューチェーン分析

	企画・開発	仕入れ・生産委託	マーケティング・販売 企画・開発
活動の強み・弱み	○産学連携を活用した独自性の高い機能性アイウエアの開発能力 ○顔データを活用した開発による店頭での調整手間の少ないフレーム ×模倣に対して脆弱な製品	○大量仕入／生産体制による低コスト ○計画生産によるタイムリーな投入 ×サプライチェーンのリスクの高さ	○大量販売を可能とする店舗網 ○効率の高い販売オペレーション ○啓蒙活動からはじめるマーケティング ○視力データのオープン化 ×劣悪な接客支援体制
組織の強み・弱み	○SPAとしての高い能力 ○創業経営者による強力なビジョン浸透 ×店舗からの顧客ニーズの吸い上げおよび反映の仕組みが未構築 ×経験の少ない多数の従業員		

（1）企画・開発

・産学連携・外部パートナーを活用した製品開発体制

　ジンズの企画開発における最大の強みは、独自性の高い「機能性アイウエア」を開発し、他社との差別化を図る開発力である。この開発力は、ジンズが早い段階から積極的に取り組んできた大学等の外部パートナーとの産学連携を活用した製品開発体制に支えられている。また、国内外を問わず多様なメーカーから機能性の高い素材を発掘し導入することにも積極的であり、このこともジンズの独自性の高いアイウエアの開発を支えている。この外部との連携の巧みさにより、ジンズは多様な技術シーズをいち早く、低いコストで独自性の高い製品の開発へと取り入れることを可能にしている。

　しかしながら、この外部の能力に大きく依存した開発体制は、競合他社の模倣に対して脆弱な面も持っている。ジンズのヒット商品に対して、競合は短期間で類似品を投入しており、結果として十分にヒットを拡大することができない状況につながっている。ジンズは、研究開発部門を設立してはいるものの、これは田中社長が単独で動いていた開発体制を組織化することを意図した部門

20

であり、外部に大きく依存した製品開発体制に変化はない。

・顔データを活用したフレーム開発

　ジンズの企画開発においてもう１つの特徴的な強みは、同社のフレーム開発
である。ジンズは顔のビッグデータを収集することで、日本人の顔の形に合う
フレームを開発している。このフレームは顧客の大部分を占める日本人の顔に
簡単にフィットするため、店頭でのフレームの調整の手間を大きく軽減し、結
果として後述するような店頭でのオペレーションの効率化につながっている。

（2）仕入・生産

・大量仕入/大量生産による低コスト生産

　ジンズの仕入・生産における強みは、レンズ・フレームの一括購入と少品種
大量生産による低コスト化の能力である。ジンズは、製品原価の大きな部分を
占めるレンズを、仕入先を絞り大量に発注することで他社と比べて大幅に低い
価格で調達している。また、フレームについても、海外の協力工場に対して計
画的に大量の発注を行うことで格安での調達を実現している。また、このサプ
ライヤーに対して計画的に発注する能力は、リードタイムの短縮にもつながっ
ており、タイムリーに計画どおりに製品を店頭に投入できるという点でマーケ
ティング上での強みにもつながっている。

　反面、ジンズのこのような仕入/生産体制は、大量に調達した製品が売れ残
った場合、もしくは絞った少数の仕入先に不測の事態が起きた場合に、大きな
財務的損失につながるリスクを抱えている点が弱みといえる。

（3）マーケティング・販売・アフターフォロー

・大量販売能力

　ジンズの販売における強みは、短期間に大量の商品を販売することのできる
販売力である。この販売力は、大きく（a）全国350店に展開する業界内でト
ップクラスの販売網と（b）各店舗の販売効率を上げるための種々の施策の組

21

み合わせの２つによって支えられている。まず店舗網であるが、ジンズの規模は業界内でも有数の規模を誇り、また有力なECサイトも所持している。これらが大量調達した商品を短期間で売り切ることのできる基盤となっている。

　もう１つの各店舗の販売効率を上げるための施策については、まずジンズの店舗の多くが集客力のあるショッピングモール内のインストア出店であることが挙げられる。また、店舗内でも、マス目什器や利用シーンごとの商品展示を行う等の施策を講じることによって顧客が自ら気軽に商品を選べるようにすることで販売員の接客の手間を軽減し、販売効率を向上させている。これらが相まってジンズの１店舗当たりの売上高は、店舗数でジンズを上回る老舗大手チェーンを大きく引き離している。

　反面、販売効率に特化した現状の店舗では、接客から個々の顧客のニーズを吸い上げることが難しく、また、「早い」「お手軽」以外の接客の質によって顧客の満足度を高めていくことも困難な体制であるといえる。結果として膨大な顧客接点を持ちながら、それらをロイヤルティの構築や差別化につなげられていないという問題が指摘できる。

（４）組織全体
・SPAとしての高い能力

　ジンズの組織全体の強みとしては、自社で企画した商品をタイムリーに低コストで調達し、効率的に販売することができるSPAとしての能力を実現している点が挙げられる。

　またジンズの大きな強みは、創業者でもある田中社長の強力なリーダーシップである。メガネ業界への参入、JINS PCの上市にもみられたように、ジンズでは戦略的に劇的な転換を図る際にトップ自らの強力なリーダーシップでビジョンやコンセプトを製品開発、店舗設計・展開、オペレーションの隅々まで、具体的な施策に落とし込むことで実現してきた。このようなことが可能な点は、新たな戦略を実現していくうえで大きな強みとなる。

・経験の少ない従業員：スキル面、連携面：顧客ニーズの吸い上げとフィードバック

　ジンズの組織全体の弱みは、急成長した組織であるがゆえの経験不足の従業員の多さである。このことは、店頭でのオペレーションの混乱をもたらしたことに留まらず、接客の質・顧客ニーズの吸い上げに対しても弊害をもたらす。また、このことは組織内の連携についても問題となり、店頭からの情報を企画開発や製造に対して組織的にフィードバックする仕組みがジンズでは十分に構築されていない点も大きな弱みである。

（5）組織上の問題点

・産学連携を活かした現行の製品開発体制は多様な技術シーズから低コストで独自性の高い製品を生み出すことを可能としているが、他方で現行の開発体制は競合他社の模倣に対して脆弱である。

・店舗のレイアウト、オペレーション、スタッフが販売効率の向上に特化しており、店舗での接客による高付加価値商品の販売や細やかな顧客ニーズの吸い上げといった部分にパワーを割きづらい。

・上記の問題点とも関連するが、店舗から顧客ニーズを吸い上げ製品の開発にフィードバックする組織的な仕組みが十分に構築されていない。

2-3　マーケティング分析

　マーケティング分析では、ジンズの「製品」「価格」「流通チャネル」「プロモーション」のマーケティング・ミックスについて分析を行い、同社のマーケティング戦略の特徴と問題点を識別する（表1）。なお、メガネ小売業は、製品ライフサイクル上は成熟期（後期）に属するため、その段階で一般的に採用すべきマーケティング戦略も加味して分析を行う。

23

【表1】マーケティング・ミックス分析

	特徴	問題点
製品	・独自性の高い機能性アイウエア ・全方位をターゲットとした年齢層／シーン別の製品 ・引き渡しのファスト化	・模倣困難性が低い ・結果的にターゲットが曖昧 ・効率一辺倒で接客の質に問題
価格	・市場最低価格 ・オールインワンプライス	・追随する競合に対して優位というわけではない
流通チャネル	・商業施設のインストア ・ロードサイドの大型店 ・ECサイト	・効率一辺倒 ・ロードサイド店舗のフォーマットが開発不足 ・Web→店舗の導線が構築不足
プロモーション	・TVCM偏重からの転換 ・「顧客ファースト」ビジョンに基づくブランド	・マス層に対して十分なプロモーションが行われていない ・ビジョン・ブランドが十分に具体化されていない

（1）製品戦略

　製品ライフサイクルの成熟後期において必要とされる製品戦略は「差別化」である。ジンズ製品の特徴は、自社と産学連携で開発した独自性の高い機能性アイウエアを主力製品とすることで、旧来のメガネ小売店や競合企業との差別化を図っている。すべてのレンズを追加料金なしの非球面レンズとして販売していることもジンズの差別化を図ろうとする試みの1つといえる。しかしながら、これらは模倣困難とはいいづらく、ジンズの打ち出す製品戦略に対して競合他社が追随してきているため差別化が実現されていない点が問題であるといえる。

　また、新ビジョンのもと、ジンズは、全方位にターゲットを広げ、おしゃれを追求する若者のみでなく年齢層や使用シーンに応じた製品を開発し、それぞれのニーズに合致する製品を提供しようとしている。しかし、新ビジョンを体現するような幅広いターゲット全般に訴求する製品としては「JINS MEME」の開発があったものの大きなヒットとはなっていない。「Magnify Life」を体現するようなヒット製品の不在は、後述するプロモーション戦略とも連動するが、顧客に対して新生JINSブランドを伝えるうえで大きな問題といえる。

24

（2）価格戦略

　成熟後期に必要とされる価格戦略は「最低水準」である。ジンズは、縮小しているメガネ市場の中で毎年成長を続けている。これはジンズが旧来のメガネ小売店が主戦場としていた市場とは一線を画する低価格帯のサブセグメント市場を開拓し、この成長する市場内に注力していることが大きな要因である。この点でジンズは、メガネ業界全体の中では最低水準の価格帯を維持できている。問題は、低価格帯市場においても、ZoffやOWNDAYSといった競合がジンズ同様の戦略をとっており、商品において模倣を行ってくるこれらの企業に対して価格面でも優位に立てていないことである。

（3）流通チャネル戦略

　成熟後期において望ましい流通チャネル戦略は「重点チャネル化」である。ジンズの販売チャネルは、開業当初から商業施設内に重点を置いた展開であったが、近年は郊外のロードサイドにも店舗を構え、チャネルを拡大している。しかしながら、ロードサイド店については、これまでの店舗とマーケティング戦略の違いがみえにくい。とくにロードサイドでの立地の特徴や客層を活かして、どのような店舗にしていくのか方針がみえにくく、それがジンズの差別化を弱めている点は同社のチャネル戦略上での大きな問題である。

　また、近年ではECサイトでの販売も強化し、またアプリを提供することで実店舗とのシームレスを目指すオムニチャネル化を目指している。とはいえ、ECサイト、アプリ、店舗の連携はまだまだ不十分であり、とくにネットから店頭に足を運ばせる導線の確立が不十分であることは問題といえる。

（4）プロモーション戦略

　成熟後期のプロモーション戦略は「実利的手段」が必要とされる。ジンズは2013年以降、広告宣伝費の投入を対売上比率においても金額においても削減し、その削減分を従業員給与や研修費に充てる方針に転換している。これによって、従来のマス層に対してTVCMを大量に投下するプロモーション戦略から、

25

2014年度に制定した新たな「ジンズのビジョン」を伝えるブランドの構築による差別化に取り組んでいる。しかし、この転換以降、大きなヒット商品も出ておらず1店舗当たりの売上も低迷するなど、JINSブランドの構築は必ずしもうまくいっていない点が問題として指摘できる。また、この転換は、従来のヒット商品を支えていた要因の1つであるマス層に対して大量の広告で訴求するプロモーションを大幅に縮小したことも意味しており、成熟後期において必要な多くの消費者に実利を伝達するための資源が不足しているという点で問題である。

（5）マーケティング上の問題点

・全方位の消費者をターゲットにする意図で新ビジョンを策定したものの、この新ビジョンを製品、チャネル、プロモーションといった具体的なマーケティング戦略に十分に落とし込むことができておらず、成長の原動力として機能させることができていない。

・上記と関連することであるが、新たなチャネルとして展開をはじめているロードサイド型の店舗について、マーケティング戦略上の位置づけが不明瞭であり、そのため、店舗フォーマットが十分に開発されていない。

・競合との差別化が十分になされておらず、模倣に対してきわめて脆弱である。

26

第3章　問題点および戦略課題

3-1　問題点およびその関連性

（1）メガネ市場の成熟化と競合による模倣【外部環境・財務・組織・マーケ分析より】

　メガネ市場は成熟が進んでおり、とくに旧来のメガネ市場は縮小を続けている。また、成長中の低価格帯市場においても複数の競合が参入している。このような状況のため、有望な出店余地は限られており、現状モデルのままの新規出店による成長には限界がある。

　また、メガネ市場における競争は熾烈で、成長のための何らかの有効な施策を打ち出したとしても、防御策を講じていないかぎり、それらは短期間のうちに模倣されてしまう。

（2）広告宣伝費の過剰な削減【財務・マーケ分析より】

　ジンズは2013年度以降、広告宣伝費を対売上の比率においても支出の絶対額においても削減を続けている。この削減が消費者に対してジンズの商品やブランドについて伝達するための資源不足を招き、結果として新規商品のヒットやジンズブランドの構築を阻害しているおそれがある。

（3）販売効率に特化した店舗体制【組織・マーケ分析より】

　ジンズの店舗は短時間で多くのメガネを販売できるようにレイアウト・什器・オペレーションが設計されており、非常に販売効率がよい。その反面、接客に力を入れづらく、結果として店舗からの顧客ニーズの収集や、店舗を通じてのブランド構築が十分に行えていない。

　また、急成長した組織ゆえに組織内の情報の連携の仕組みが不十分であるため、店舗からの顧客情報のフィードバックを組織内の開発や店舗設計に活かすことができていない。

（4）新ビジョンをマーケティング戦略に落とし込めていない【組織・マーケ分析より】

　ターゲットを全方位に拡張することを目指して策定した新ビジョンであるが、これを整合性のとれた具体的なマーケティング戦略に落とし込めていない。結果として、新ビジョンのもとでのロードサイド店舗フォーマットの確立、全方位ターゲットに訴求するヒット商品の開発、そして顧客に対するJINSブランドの伝達が十分に実現できていない。

（5）EC・店舗・アプリの連携不足【組織・マーケ分析より】

　ジンズは全国の店舗網に加え、ECサイトを持ち、また顧客の購買体験を向上させるアプリを提供しているものの、それらの連携は未だ十分とはいえず、とくにWebから顧客の来店を促す仕組みの構築が未だ不十分である。

（6）問題点の関連性

【図19】問題点の関連性

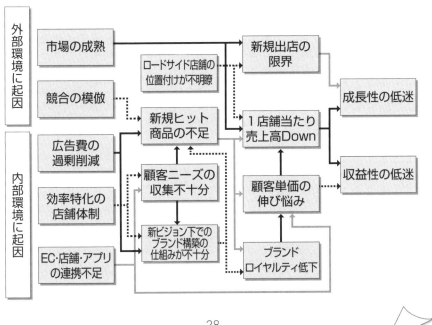

上記の問題点の関連性をまとめたものが図19である。

まず外部環境に起因する問題点としては、メガネ市場の成熟化が挙げられる。これは新たな出店余地の減少や競争による1店舗当たり売上高の低迷につながっている。また、競合による模倣がきわめて激しいことも問題点であり、顧客ニーズに合致した新製品を投下してもすぐに模倣されてしまうことが新たな大ヒット商品をつくり出すことを困難にしている。

内部環境に起因する問題点としては、広告宣伝費の過剰な削減が、新商品やJINSブランドを消費者に伝達するための資源不足を招きかねない状況となっていることが挙げられる。また、店舗が販売効率に特化しすぎているため、店舗を通じての顧客ニーズの収集やJINSブランドの伝達が難しくなっている。顧客ニーズの収集とそのフィードバックの活用については、組織内の連携不足・仕組み不在も相まって現状のジンズではきわめて困難な状況といえる。また、ターゲットを拡張することを掲げた新ビジョンが戦略に十分に落とし込まれておらず、とくにロードサイド店や新規商品がビジョンを十分に体現したものとなっていない。

このようにして生じた「新規ヒット商品の不在」という問題が、個々の店舗での売上の伸びを低迷させる一因となっており、また新ビジョンのもとでのJINSブランド伝達が不十分な原因の1つとなっている。また、「ロードサイド店舗のフォーマットが十分に確立していない」ことが、商業施設内への出店余地の減少と相まって、新規出店による成長の余地を制約する原因となっている。「JINSブランドの構築ができていない」ため、顧客の来店頻度や購買頻度は思うように向上していない。これら複合的な要因から生じた問題が、ジンズの将来における成長と高収益性の実現を阻害することとなっている。

3-2　戦略課題

上記の問題点のうち最優先で解決すべき問題は「顧客ニーズの収集が不十分」な点である。新規ヒット商品の創出は、新生JINSブランド構築のうえでも財務的なインパクトのうえでもきわめて重要である。しかし、ヒット商品を生み

29

出せるかどうかはきわめて不確実である。より重要なことは、潜在的・顕在的な顧客ニーズに合致するような新商品を継続的に投入し続けられるような体制を整えることであり、そのためには細やかに顧客ニーズを見出せるような情報収集の仕組みを構築しておくことが求められる。ロードサイド店舗の位置づけの明確化は、今後の出店余地の多くがロードサイドとなることを考えるときわめて重要であるが、上記の情報収集の仕組み構築の枠組みの中でその位置づけを明確にしていくことが望ましい。

　したがって、これらの問題点を踏まえたジンズの戦略課題は「『Magnify Life』のビジョンを具体化した新商品を顧客ニーズに沿って持続的に開発するための情報収集の仕組みを構築すること」である。

第4章　戦略代替案

　ここまでの分析と問題点・課題の抽出を踏まえ、戦略代替案を提示する。「『Magnify Life』のビジョンを具体化した新商品を顧客ニーズに沿って持続的に開発するための情報収集の仕組みを構築すること」に取り組むために、2つの戦略代替案を「事業コンセプト」「ターゲット」「提供する価値」の観点から検討する。

【表2】ジンズの戦略代替案

	代替案1 健康状態 見守りアイウエアの販売	代替案2 情報収集型 小型無人店舗の展開
戦略内容	装着者の状態についてのリアルタイム情報収集機能を持たせた機能性アイウエアを開発し、それらを活用したサービスを提供するとともに、収集したデータから顧客ニーズを発掘していく。	コンシェルジュ機能を持たせた大画面情報端末を設置したショールーム型小型無人店舗を展開し、顧客へのアフターフォローや情報提供を行うと同時に、顧客の反応データから顧客ニーズを発掘していく。
事業コンセプト	大切な人の健康状態を見守るアイウエア	アイウエアのことなら何でも相談できる無人店舗
ターゲット	見守りが必要な人（装着者）とその家族	アイウエアで悩んでいる人
提供する価値	安心感	アイウエアの悩み解決

4-1　代替案（1）健康状態見守りアイウエアの販売

　この戦略は、高齢者のような見守りが必要な人に対して身体情報や位置情報などをリアルタイムで収集し、遠く離れた家族が共有することのできる機能性アイウエアと付帯サービスを提供する戦略である。これによって、ジンズが現状手薄となっている層である高齢者とその家族に対して訴求し、また同時にこの商品・サービスの使用から常時収集されるデータを活用して新商品・サービスの継続的な投入につなげていくことを目指す。

31

具体的には、技術力を持つメーカーと提携し、高機能でフィット感に優れた機能性アイウエアを開発し、見守りが必要な顧客に対して安価で提供していく。このアイウエアには装着者の状態をリアルタイムで収集し、登録した家族にその状態を知らせ緊急時にはアラートを伝える機能を持たせる。これによって多忙や遠距離であることを理由にこれまで十分な見守りができなかった家族に対して安心感を提供していくことがこの戦略の要である。

　この戦略の特徴は、ＶＲ・ＭＲメガネ普及の現状の課題である「装着感の悪さ」「不自然なデザイン」を補うフレームデザインのための顔データを豊富に持つジンズが、それらを持たない技術力のあるメーカーと連携し、かつ同社の持つ強力な販売能力によって、高品質な機能性アイウエアを安価に顧客に提供できることが挙げられる。また、この戦略のもとでは、装着者である高齢者・その家族とジンズがモニター機能アラート機能の利用を通じて密接につながることになる。このつながりを活かして商品・サービスの利用から得られた高齢者のニーズや見守る家族側のニーズ、両者の関係におけるニーズに応えるさらなる新商品・サービスの開発に結びつけ、新たな市場を開拓していくことができる。

4-2　代替案（２）情報収集型小型無人店舗の展開

　この戦略は、アイウエアについて何らかの関心や悩みを持っている人に向けて、コンシュルジュ機能を持った情報端末を街の隅々にまで展開し、いつでも・どこでもアイウエアについての悩みの解決や娯楽性を持った情報の提供を行う戦略である。これによって、現状手薄なジンズの既存顧客へのアフターフォローを強化するとともに、新規顧客の開拓、この端末と利用者のやり取りのデータを収集・分析し新商品・サービスの継続的な開発に結びつけていくことを目指す。

　具体的には、外部メーカーに委託して、店舗の１コーナーに設置可能なサイズの音声／カメラ／タッチ操作で双方向のやり取りができるデジタルサイネージと情報端末を統合した機器を開発し、これを街の隅々まで大量に展開してい

く。この情報端末は、通常はJINSブランドのCMを流しその反応を収集するが、利用者が端末に向き合うと双方向のやり取りが可能で、コミュニケーションを通じてアイウエア購入者へのアフターフォローや娯楽性を持ったアイウエア関連コンテンツの提供、およびECと連動したアイウエア商品の販売を行う。この戦略の要は、JINSブランドの認知度と親しみやすさを強化すると同時に、既存顧客と潜在顧客がアイウエアに何を求めているのかの情報を常時収集し、新商品・サービスの開発に結びつけていく点である。

　この戦略は、店舗のオペレーションを販売効率に特化してきた副作用として手薄になっていたアフターフォローを、情報端末によって補う効果もあるが、端末を小型化することで、ある程度のスペースを必要とする店舗よりも遥かに安価なコストでの展開を可能にし、かつ展開する場所の選択肢を大幅に広げることができる。つまり、店舗の機能補完ではなく新たな情報発信・情報収集のチャネルの構築である。これによってJINSブランドの訴求と顧客情報の収集が飛躍的に強化されることになる。

4-3　両案の効果とリスクおよび各問題の対応

　上記2点の戦略代替案について、各案の効果とリスクおよび各問題点の対応について表3に示す。

【表3】ジンズの戦略代替案の効果とリスク、および問題点への対応

		代替案1	代替案2
問題点への対応	競合の模倣	△	△
	ブランド構築	○	◎
	販売効率に特化し過ぎた店舗体制	△	◎
	新ビジョンの体現	◎	○
	店舗/Webの連携不足	○	◎

		装着者とその家族を囲い込み、継続的に商品・サービス販売からの収益を期待できる。	顧客のロイヤルティを高め、また顧客ニーズに合致する商品を継続的かつ効率的に提供していくことが期待できる。
効果および リスク・コスト	効果		
	リスク・コスト	製品開発コスト、スケールがきわめて不確実	情報端末の開発コスト・展開コスト

　効果については、「健康状態見守りアイウエアの販売」は、これまで手薄であった中高年以上の層に訴求でき、ターゲットとする高齢者とその家族を囲い込むことができる。また、囲い込んだ顧客に対して継続的に新商品・サービスを販売していくことが期待できる。「情報収集型小型無人店舗の展開」は、顧客との接点を大幅に増やし、これまで手薄であった顧客へのアフターフォローを充実させることで、顧客のロイヤルティを高めることができる。また、無人店舗の双方向利用から得られるデータは新商品の開発につなげることができるだけでなく、実験的な新商品がどの程度受け入れられるかをテストすることもできるため、効率的な商品の開発・提供を継続的に行うことを可能にする。

　リスクについては、「健康状態見守りアイウエアの販売」ではまず商品の開発コストが挙げられる。そして、この戦略では、付帯サービスの展開を有効に機能させるためには商品を一定規模まで普及させることが必須であるが、これは商品そのもののヒットを意味しており、その実現可能性はきわめて不確実である。「情報収集型小型無人店舗の展開」においてもハードウエアの開発コストがリスクとして挙げられる。また、いかにしてコストを抑えて無人店舗を展開していくのかもこの戦略において重要な点である。

　各問題点への対応であるが、「競合の模倣」については、両戦略ともに技術的には短期間で模倣が可能である。競合への障壁を築くためには、先行して展開し、その優位があるうちにスケールメリットを築くことが必要である。

　「ブランド構築の仕組み」および「新ビジョンの体現」については、「健康状態見守りアイウエアの販売」では、この商品のプロモーションや利用を通じて、

幅広い年齢層に対してジンズのビジョン「Magnify Life」が視力矯正に留まらない人生の拡張であることを具体的に示すことができる。「情報収集型小型無人店舗の展開」では、ジンズが発信するブランドメッセージや商品・サービスの使い方や魅力などを、継続的に幅広い層に直接伝達することが可能となる。

「販売効率に特化し過ぎた店舗体制」については、「健康状態見守りアイウエアの販売」では現在のジンズの主軸である商業施設内店舗に対して根本的な解決を提供しない。対して、「情報収集型小型無人店舗の展開」は、商業施設内店舗におけるアフターフォローや接客の弱さを補うことが期待できる。また、ロードサイド型店舗に対しても、店内にサイネージと端末を設置することによって、接客やアフターフォローを補強することが可能となる。

「店舗/Webの連携不足」については、「健康状態見守りアイウエアの販売」では、装着者である高齢者・その家族とジンズがモニター機能アラート機能の利用を通じて密接につながるため、この接点を通じて来店を促すことを通じてこの問題の解消に寄与していく。「情報収集型小型無人店舗の展開」では、無人店舗からの顧客への情報提供、アフターフォロー、双方向のやり取りを通じて、来店ニーズを持つ顧客の掘り起こしと来店の促しを行うことが可能となる。

35

第5章　推奨案と実行プラン

　前章の各戦略代替案の想定される効果とリスク、および問題点を検討した結果、「健康状態見守りアイウエアの販売」は展開の不確実性が高く、対して「情報収集型小型無人店舗の展開」はより確実により継続的にジンズの抱える問題点に対処できるという観点から、推奨案は「情報収集型小型無人店舗の展開」とする。

　この戦略のポイントは、無人店舗を街の隅々にまで展開していくことと、ジンズの情報発信と顧客ニーズの収集を有効に機能させるために顧客との双方向コミュニケーションを促進するようなコンテンツを提供することである。同戦略の実行プランは下記のとおりである。

（1）機器の開発・生産・メンテナンス

　この戦略の土台となるのは音声／カメラ／タッチ操作で双方向のやり取りができるデジタルサイネージと情報端末を統合した機器である。このようなハードウエア実現の技術的なハードル自体は低いが、ここでの機器には戦略上、（a）非常に狭いスペースであっても設置できるようなサイズに収めること、（b）粗雑に扱われても故障しない耐久性の高さ・稼働性の高さ、（c）メンテナンスが容易かつ低コストであること、（d）機器自体のコスト低減、が求められる。これらの要件を満たせる信頼性の高い外部パートナーを選定し、機器の共同開発、生産委託、メンテナンス委託を行っていく。

（2）無人店舗の広範な展開

　この戦略の要は、無人店舗をできるかぎり幅広く街の隅々にまで展開することである。そしてこの展開にあたっての最大の障壁はコストである。機器自体のコスト、設置するスペースのコスト、運用・メンテナンスのコストは、展開を大規模にすればそれに応じて増大していく。このコストを抑えるために、まずは、機器自体の小型化・極小スペースへの設置、メンテナンスコストの設計

段階からの低減を図る。そのうえで、根本的な解決手段としては、百貨店、化粧品店、ドラッグストア等、他企業の店舗とのコラボレーションによるコスト抑制を展開の基本的な柱とする。具体的には、ジンズの無人店舗をこれらの他企業の店舗内における1コーナーに設置し、コラボコンテンツの提供や集客の支援を行う代わりに、設置や運用のコストをシェアすることでコストを抑えつつ無人店舗の大規模な展開を進めていく。これと同時に、コラボが成立しない場であっても、人通りが多い場所や象徴的な場所に対して、JINSブランドの認知と情報発信という観点から、極狭スペースでも展開可能な特徴を活かしてコストを抑えつつ重点的に無人店舗の展開を図っていく。

（3）コミュニケーションコンテンツの開発と提供

　無人店舗を展開しても、そこに顧客が惹きつけられ、満足度を高めるようなコミュニケーションが実現できなければこの戦略は機能しない。継続的に顧客とのコミュニケーションを図っていけるようなコンテンツを開発し提供していく。具体的には、（a）ジンズ商品のアフターフォローの受付、（b）アイウエア・目に関する悩み相談、（c）アイウエアのファッション・コーディネートを楽しむコンテンツを、それぞれ社内にチームをつくり継続的に開発・提供していく。また、ジンズのコラボ相手との共同コンテンツの作成や、TVCM等にタレントを起用した際には制作逸話やインタビュー等のCMを補完するようなコンテンツも流し、話題性を常に提供できることを目指す。これら提供したコンテンツに対する反応は、顧客自身の直接的な入力だけでなく、カメラを通じてどういった人がどのような反応を示したのかの映像データも収集し、それらの分析を新商品の開発・展開に活用していく。

以上

第5章
ケースプレゼンテーションの具体例
ジンズのケースプレゼンテーション

　本章では、ケース分析を口頭で報告する際に使うプレゼンテーション資料のサンプルを紹介します。内容は、第4章で紹介したジンズのケースレポートと同一のものです。ただし、口頭プレゼンテーションを行う際には、ケースレポートのすべての内容を説明する必要はありません。ケースレポートのうち、重要なポイントに絞って説明することが重要になります。

　ここで紹介するプレゼンテーション資料は、あくまでも口頭説明をサポートするためのものですから、資料に書いていない詳しい内容は発表者が口頭で説明しなければなりません。口頭プレゼンテーションの仕方については、第2章を参照してください。

ケースレポート

株式会社ジンズホールディングス

×××× 年 ×月 ×日
学生番号：×××××
商大 太郎

 アウトライン

1. ジンズHDの現行戦略

2. 現状分析

   2-1. 財務分析

   2-2. 組織分析

   2-3. マーケティング分析

3. 問題および戦略課題

4. 戦略代替案

5. 推奨案と実行プラン

2

1．ジンズHDの現行戦略

 現行戦略の特徴

 調達先を絞った
大量調達による
コスト削減

 明瞭かつ
競争力のある
価格体系

 デザイン性
ファッション性
に優れた商品

 産学連携を活用した
機能性アイウエア
開発

 企画、開発から
販売まで自社で賄う
ファスト販売体制

4

2．現状分析

2-1．財務分析

成長性分析：売上高推移（競合比較）

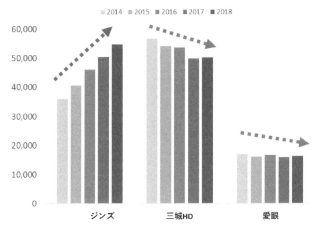

競合他社の業績が伸び悩む中、着実に成長している

7

成長性分析：単独の業績推移

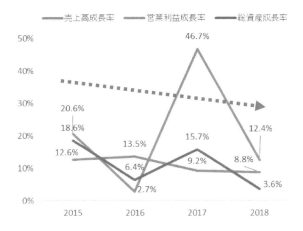

各指標ともプラス成長を続けているが、
その伸びは鈍化している

8

成長性分析：従業員数と売上高の関係性

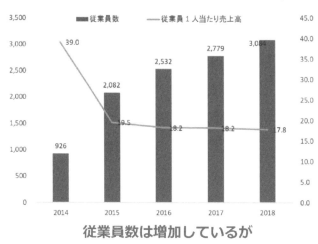

従業員数は増加しているが
1人当たり売上高は下落傾向

9

成長性分析：売上高と店舗数の関係性

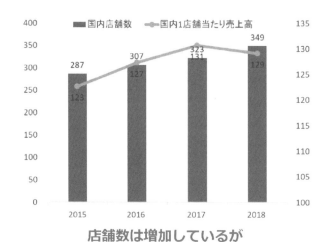

店舗数は増加しているが
1店舗当たり売上高は伸び悩んでいる

10

収益性：ROA推移（競合比較）

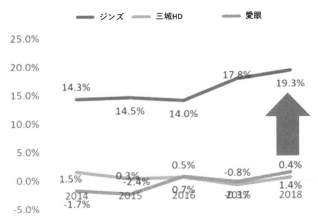

競合他社と比較しても、高い収益性を維持している

11

収益性：売上原価率推移（競合比較）

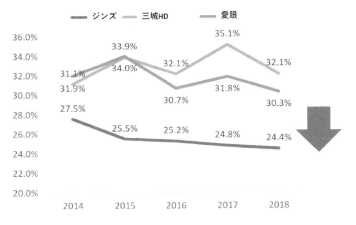

SPA企業として明確なコスト優位に立てている

12

収益性： 販管費率　内訳の推移

販管費抑制に効いているのは
広告宣伝費の削減によるもの

13

安全性分析

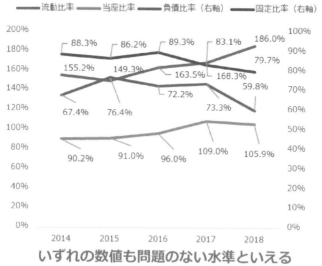

いずれの数値も問題のない水準といえる

14

キャッシュフロー分析

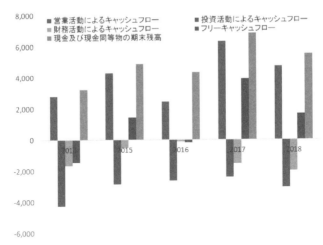

年度による増減はあるが、本業の業績に問題はない

15

キャッシュフロー分析：源泉と配分先

キャッシュフローの源泉

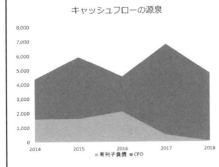

キャッシュフローの配分先

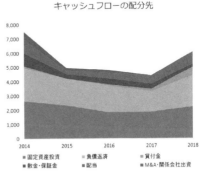

有利子負債による調達は大幅に減少しているが
固定資産への投資は増加していない
増加するキャッシュフローを社外流出以外に活用できていない

16

財務上の問題点

- 売上高成長率は競合と比較して高いが
  年々成長率は鈍化している

- 売上高の増加は出店増によるものだが
  従業員1人当たり・1店舗当たりの売上高は低迷している

- 広告宣伝費の削減が著しく、ブランド構築など
  必要とされるプロモーション投資ができていない

17

2-2. 組織分析

バリューチェーン分析

	企画・開発	調達・生産委託	マーケティング 販売・サービス
活動の強み・弱み	○産学連携を活用した独自性の高い機能性アイウエアの開発能力 ○顔データを活用した開発による店舗での調整手間の少ないフレーム ×模倣に対して脆弱な製品	○大量仕入／生産体制による低コスト化 ○計画生産によるタイムリーな市場投入 ×サプライチェーンのリスクの高さ	○大量販売を可能とする店舗網 ○効率の高い販売オペレーション ○啓蒙活動からはじめるマーケティング ○視力データのオープン化 ×劣悪な接客支援体制
組織の強み・弱み	○SPAとしての高い能力 ○創業経営者による強力なビジョンの発信と浸透 ×経験の少ない多数の従業員 ×店舗からの顧客ニーズの吸い上げと反映の仕組みが未構築		

19

組織上の問題点

- 産学連携を活かした製品開発体制は
  独自性の高い製品を生み出す点で強力だが
  現行の開発体制は競合の模倣に対して脆弱

- 販売効率に過度に特化した接客体制のため
  高付加価値商品の販売や細かな顧客ニーズの吸い上げ
  にパワーを割きづらい

- 店舗から顧客ニーズを吸い上げ、製品の開発に
  フィードバックする組織的仕組みが構築できていない

20

2-3. マーケティング分析

マーケティング・ミックス分析

	特徴	問題点
製品	・独自性の高い機能性アイウェア ・全方位をターゲットとした年齢層/シーン別の製品 ・引き渡しのファスト化	・模倣困難性が低い ・結果的にターゲットが曖昧 ・効率一辺倒で接客の質に問題
価格	・市場最低価格 ・オールインワンプライス	・追随する競合に対して優位というわけではない
流通チャネル	・商業施設のインストア ・ロードサイドの大型店 ・ECサイト	・効率一辺倒 ・ロードサイド店舗のフォーマットが開発不足 ・Web→店舗の導線が構築不足
プロモーション	・TVCM偏重からの転換 ・「顧客ファースト」ビジョンに基づくブランド	・マス層に対して十分なプロモーションが行われていない ・ビジョン・ブランドが十分に具体化されていない

マーケティング上の問題点

- 全方位の消費者をターゲットとする新ビジョンを策定したが、具体的なマーケティング戦略に落とし込めていない
- 新たなチャネルとして展開をはじめているロードサイド型の店舗の位置づけが不明瞭

**結果として、競合との差別化が十分にされて
おらず模倣に対してきわめて脆弱である**

３．問題点および戦略課題

問題点の整理

（1）市場の成熟化と競合による模倣 ・・・ 外部環境・財務・組織・マーケ分析

（2）広告宣伝費の過剰な削減 ・・・ 財務・マーケ分析

（3）販売効率に特化した店舗体制 ・・・ 組織・マーケ分析

（4）新ビジョンをマーケティング
戦略に落とし込めていない ・・・ 組織・マーケ分析

（5）EC・店舗・アプリの連携不足 ・・・ 組織・マーケ分析

25

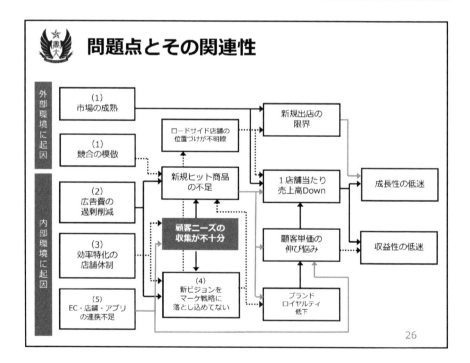

26

戦略課題

最優先で解決すべき問題：

顧客ニーズの収集が不十分

戦略課題：

「Magnify Life」のビジョンを
具体化した新商品を
顧客ニーズに沿って持続的に開発するための
情報収集の仕組みの構築

27

4. 戦略代替案

戦略代替案

	代替案1 健康状態 見守りアイウエアの販売	代替案2 情報収集型 小型無人店舗の展開
戦略内容	装着者の状態についてのリアルタイム情報収集機能を持たせた機能性アイウエアを開発し、それらを活用したサービスを提供するとともに、収集したデータから顧客ニーズを発掘していく。	コンシェルジュ機能を持たせた大画面情報端末を設置したショールーム型小型無人店舗を展開し、顧客へのアフターフォローや情報提供を行うと同時に、顧客の反応データから顧客ニーズを発掘していく。
事業コンセプト	大切な人の健康状態を見守るアイウエア	アイウエアのことなら何でも相談できる無人店舗
ターゲット	見守りが必要な人（装着者）とその家族	アイウエアで悩んでいる人
提供する価値	安心感	アイウエアの悩み解決

29

 代替案の効果とリスク

		代替案1	代替案2
問題点への対応	競合の模倣	△	△
	ブランド構築	○	◎
	販売効率に特化し過ぎた店舗体制	△	◎
	新ビジョンの体現	◎	○
	店舗/Webの連携不足	○	◎
効果およびリスク・コスト	効果	装着者とその家族を囲い込み、継続的に商品・サービス販売からの収益を期待できる。	顧客のロイヤルティを高め、また顧客ニーズに合致する商品を継続的かつ効率的に提供していくことが期待できる。
	リスク・コスト	製品開発コスト、スケールがきわめて不確実	情報端末の開発コスト・展開コスト

30

５．推奨案と実行プラン

推奨案と実行プラン

代替案②
情報収集型小型無人店舗の展開

1. 機器の開発・生産、メンテナンス体制の構築
2. 店舗スペース確保にかかるコストの抑制
3. 魅力的なコンテンツの開発と
   顧客との双方向コミュニケーション体制の構築

32

第3部
分析ツール編

第6章
分析ツール：財務・会計

　本章では、財務・会計の観点からケースを分析する際に使う代表的な分析手法を紹介します。分析ツールは以下の6点です。

① 財務諸表と財務分析
② 収益性分析
③ 安全性分析
④ 成長性分析
⑤ 損益分岐点分析
⑥ 資金調達手段の選択

　第1に、企業が公表した財務諸表をもとに、企業の現状と問題点を把握するために、財務諸表と財務分析の役割について理解しなければなりません。第2に、資本からどの程度の利益を生み出しているのか、という収益性を明らかにするための分析手法を紹介します。第3に、支払能力や資本構成にもとづき、財務上の安全性を把握するための分析手法を紹介します。第4に、企業が将来的に成長できるのかどうかを明らかにするための分析手法を説明します。第5に、企業の採算ラインを把握して、収益構造や販売戦略を分析する損益分岐点分析を紹介します。最後に、策定した事業戦略や全社戦略を実行するための資金調達手段の長所と短所を説明します。

財務諸表と財務分析

使用目的	企業が公表した財務諸表をもとに、企業の現状と問題点を把握する

1．ケース分析における財務分析の意義と方法

　ケース分析における財務分析の意義については、大きく分けて、2つ指摘できます。1つは、ケース分析に客観性を付与することです。いま1つは、他のデータによってはみえない経営実態や問題点が、財務データを分析することによって明らかになるということです。

　主要な方法として、財務諸表上の複数の項目間の比率によって行う比率分析が利用されます。比率分析は、計数をパーセンテージや回数で示すため、規模の異なる企業間の比較に有用といえるでしょう。財務分析の方法には、クロスセクション分析と時系列分析（趨勢分析）の2つがあります。クロスセクション分析は、ある時点における企業間あるいは産業間の比較分析です。通常は、2社から5社程度を取り上げて比較するのが一般的です。時系列分析は、時間軸にそって過去5年間程度の数値や比率を比較分析する方法です。両者を組み合わせて分析を進めるのが、有効な手法といえるでしょう。

2．財務諸表の体系

　財務諸表には、貸借対照表、損益計算書、キャッシュフロー計算書があります。貸借対照表は、ある一定時点（決算日）の会社の財政状態を表す計算書であり、ストックに関する計算書です（図6-1）。これに対して損益計算書は、一定期間（会計期間）の経営成績を表したもので、収益および費用という経営成績に関わるフローの計算書です（図6-2）。キャッシュフロー計算書は、期首から期末にかけての、貸借対照表の現金および現金同等物の増減を一覧に示した計算書です（図6-3）。

　なお、財務諸表には企業集団を対象とする連結財務諸表と個別企業を対

図6-1　貸借対照表のしくみ

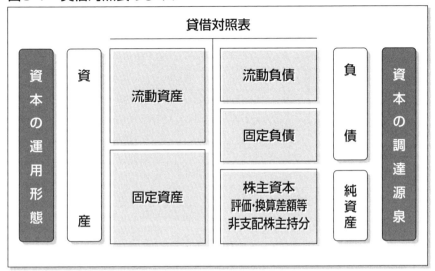

象とする個別財務諸表があります。本章では、連結財務諸表にもとづいて
説明します。

　貸借対照表は、会社の決算日におけるすべての資産、負債、純資産を一
覧表示した報告書です。その意味で、貸借対照表は会社の財政状態を写し
たスナップショットにたとえられます。

　資産とは、会社が保有する将来の経済的便益を意味します。負債は、将
来の経済的資源の引渡義務、純資産は株主の所有持分などを意味します。

　貸借対照表の左側は借方、右側は貸方と呼びますが、借方に資産が記載
され、貸方に負債と純資産が記載されます。資産も負債も、現金になるま
での期間が正常営業循環内または1年以内のものを流動に、正常営業循環
または1年を超えるものは固定に分類されます※。貸借対照表の、借方に

※流動・固定分類の基準には正常営業循環基準と一年基準の2つがある。正常営
　業循環基準とは、現金にはじまり現金で終わる一連の正常な営業活動におい
　て、そのサイクル内の資産・負債は「流動」に、その他のものを「固定」に
　分類する。一年基準は一年を基準として分類を行う。

図6-2　損益計算書のしくみ

財務活動による損益を示す（主たる営業と付随する）	**主たる営業の損益を示す**	売上高
		−) 売上原価
		売上総利益
		−) 販売費及び一般管理費
		営業利益
		営業外収益
		−) 営業外費用
		経常利益
		特別利益
		−) 特別損益
		税金等調整前当期純利益
		−) 法人税、住民税及び事業税
		当期純利益
		非支配株主に帰属する当期純利益
		親会社株主に帰属する当期純利益

ついては、資本を何に運用したのか（運用形態）を示すもの、貸方は誰から資本を調達したのか（調達源泉）を示すものと一般に説明されます。

　損益計算書は、会社の会計期間の事業活動がうまくいったのか、それともよくなかったのか、つまりその会社のパフォーマンス（業績）を示す報告書です。貸借対照表がスナップショットならば、損益計算書は動画になります。とはいえ会社の活動にもいろいろあります。そこで主たる営業と付随する財務活動に分けて、段階的に利益が区分表示されるところに特徴があります。

　損益計算書は基本的に２つの要素から構成されています。１つは収益というものです。会社は仕入れた商品、または製造した製品を販売する、あるいは多様なサービスを顧客へ提供します。その対価として得られるものが収益です。収益の最も代表的なものが売上高です。しかし、売上は突然得られるものではありません。いろいろな努力や犠牲を払うことで収益は

図6-3　キャッシュフロー計算書のしくみ

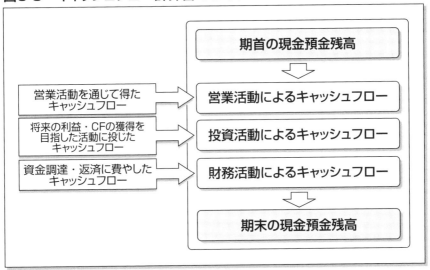

得られます。この犠牲分こそが費用というものです。そしてその収益と費用の差額が利益となります。

　キャッシュフロー計算書とは、一期間の現金（キャッシュ）の増減を表した報告書となります。この計算書は比較的新しい計算書ですが、とても重要なものです。キャッシュフロー計算書は会社の一期間の現金（キャッシュ）の流入と流出の状況を表しています。会社が倒産するほとんどの理由は現金が不足したからです。そうした危険性を回避するために、キャッシュフロー計算書の重要性は今後ますます高まっていくでしょう。キャッシュフロー計算書では、キャッシュフローを、営業活動、投資活動、財務活動によるものの３つに分けて表示します。その３つの正味額に期首残高を加えて期末残高が算定されます。

　営業活動によるキャッシュフローの計算法には、直接法（営業収入から営業支出を控除する方法）と間接法（税金等調整前当期純利益に現金収支のともなわない収益・費用などを加減算して計算する方法）があります。作成の諸条件から、間接法を採用している企業がほとんどです。

分析ツール2　収益性分析

使用目的	資本がどれ位の利益を生み出したのかという収益性を明らかにする

1. ROAとその分解

　企業の収益性を診断する場合の指標は、ROA（return on asset: 総資産利益率）です。計算式は以下に示すとおりです。通常、%で表示します。

公式 6-1 ROA

ROA 総資産利益率	$\dfrac{\text{営業利益}}{\text{総資産}}$　または　$\dfrac{\text{事業利益}}{\text{総資産}}$

＊分母の総資産は営業利益と整合させるために、期首と期末の平均を用いる。

　ROAは、株主から拠出された純資産と債権者から調達された負債をもとに、通常の事業によって「営業利益をどの程度上げたのか」を示します。ROAを計算する際に、分子にどの利益を使うかが、重要なポイントです。簡便的に営業利益を利用するのは1つの考えです。しかし営業利益には、財務活動から得られる受取利息や受取配当金が含まれていません。そこで、分母の総資産との対応を考慮して、営業利益に受取利息や受取配当金といった、財務収益を加えた事業利益を用いた方がベターと考えられます。

　ROAは、売上高利益率と総資産回転率の積として表すことができます。

公式 6-2 ROAの分解

ROA	=	売上高営業利益率	×	総資産回転率
$\dfrac{\text{営業利益}}{\text{総資産}}$	=	$\dfrac{\text{営業利益}}{\text{売上高}}$	×	$\dfrac{\text{売上高}}{\text{総資産}}$

＊分母の総資産は営業利益や売上高と整合させるために、期首と期末の平均を用いる。

２．売上高営業利益率の分析

　売上高営業利益率は、売上高に対する営業利益の割合で、ROAの１つの構成要素です。損益計算書の構造から分かるように、売上高営業利益率は売上総利益率から販管費率を差し引いても計算できます。同じことですが、売上原価率と販管費率の合計を１から引くと、営業利益率になります。

公式 6-3 営業利益率の分析

売上総利益率(%)	$\dfrac{売上総利益}{売上高}$ または $1 - \dfrac{売上原価}{売上高}$
販管費率(%)	$\dfrac{販管費}{売上高}$
営業利益率(%)	$\dfrac{営業利益}{売上高}$

　なお、売上高営業利益率の分子を営業キャッシュフローにかえたキャッシュフローマージンという指標もあります。売上高からもたらされた利益ではなく、キャッシュフローに注目にした指標です。

　また、売上高に対する研究開発費の比率も、分析対象企業が製造業の場合重要です。研究開発費は新しい技術の発見や製品開発に要した費用をいいます。ただし、業績によってその金額に多少の変動があるので、売上高からどの程度研究開発に支出しているかをみることで、競争優位獲得に向けてどれだけ資金をかけているかがわかります。

３．総資産回転率の分析

　総資産回転率は、資産に投下した資本が１年間の売上高で何回回収されたのかを示す指標で、資本を効率的に活用しているかどうかを判断するために計算されます。貸借対照表の構造から分かるように、分母を総資産からかえることで多様な回転率を分析することができます。よく使われる回

公式 6-4 総資産回転率の分析

売上債権回転率(回)	$\dfrac{売上高}{売上債権}$
棚卸資産回転率(回)	$\dfrac{売上原価}{棚卸資産}$
売上債権回転日数(日)	$\dfrac{売上債権}{\dfrac{売上高}{365}}$
棚卸資産回転日数(日)	$\dfrac{棚卸資産}{\dfrac{売上原価}{365}}$
固定資産回転率(回)	$\dfrac{売上高}{固定資産}$

＊売上債権、棚卸資産、固定資産は売上高または売上原価と整合させるために、期首と期末の平均
を用いる。

転率として、売上債権回転率、棚卸資産回転率、固定資産回転率があります。前2者は、分母と分子を逆にした売上債権回転日数と棚卸資産回転日数で表現されることも多いです。なお、棚卸資産の回転率と回転日数は、売上高に対してではなく、売上原価に対して計算することが多いです。

4．ROEとその分解

　企業の収益性の指標としてROE（return on equity: 純資産利益率）が使われることもあります。ROEは、純資産をもとに、「当期純利益をどの程度上げたのか」を示しており、株主の立場に立った収益性の指標です。株主にとって、もっとも関心の高い利益は配当の対象となる当期純利益ですので、ROEの分子は当期純利益がもっとも妥当です。なお、純資産には少数株主持分が含まれるので、正確には、非支配株主損益調整前当期純利益を分子とすべきでしょう。

ROEはROAと同様に分解することができますが、3つの要素に分解します。3つめの要素である（1＋負債比率）は財務レバレッジ係数ともいいます。公式の展開を理解するためには、総資産／純資産＝（負債＋純資産）／純資産であることに注意すればよいでしょう。

公式 6-5 ROE

ROE 純資産利益率	$\dfrac{当期純利益}{純資産}$	または	$\dfrac{非支配株主損益調整前当期純利益}{純資産}$

＊分母の純資産は当期純利益と整合させるために、期首と期末の平均を用いる。

公式 6-6 ROEの分解

$$ROE = \frac{売上高}{純利益率} \times \frac{総資産}{回転率} \times （1＋負債比率）$$

$$\frac{当期純利益}{純資産} = \frac{当期純利益}{売上高} \times \frac{売上高}{総資産} \times （1＋\frac{負債}{純資産}）$$

＊総資産、純資産、負債は売上高や当期純利益と整合させるために、期首と期末の平均を用いる。

分析ツール3　安全性分析

使用目的	支払能力や資本構成にもとづき、財務上の安全性を明らかにする

1．短期の安全性

　企業の安全性指標は、短期間の安全性を示すものと、長期間の安全性を示すものとに分かれます。短期支払能力の代表的指標としては、以下の3つの指標があります。流動比率は、流動負債に対して、どの程度流動資産があるかを示しています。100％を超えていなければ、重大な資金不足に直面する可能性があります。当座比率は、流動負債に対して当座資産（より資金化の早い資産）がどの程度あるかを示します。営業キャッシュフロー対流動負債比率は、営業活動から得られるキャッシュフローによって、どの程度流動負債の返済が可能かを示すものです。

公式 6-7 短期の安全性

流動比率(%)	$\dfrac{\text{流動資産}}{\text{流動負債}}$
当座比率(%)	$\dfrac{\text{当座資産}}{\text{流動負債}}$ （当座資産とは、現金・預金、売掛金、受取手形、有価証券など、換金性の高い資産のことです）
営業キャッシュフロー 対流動負債比率(%)	$\dfrac{\text{営業活動による営業キャッシュフロー}}{\text{流動負債}}$

2．長期の安全性

　長期支払能力の代表的指標としては、以下の7つが挙げられます。固定比率とは、固定資産への投資を、純資産によってどの程度賄えているかを示します。固定長期適合率は、固定資産への投資を、純資産および固定負債によってどの程度賄えているかの指標です。固定比率が100％を超えて

いる場合、固定長期適合率が100%以下に収まっているかどうかを確認します。営業キャッシュフロー対固定負債比率は、営業活動からのキャッシュフローでどの程度長期の負債を返済する能力があるかを示しています。

公式 6-8 長期の安全性

固定比率(%)	$\dfrac{\text{固定資産}}{\text{純資産}}$
固定長期適合率(%)	$\dfrac{\text{固定資産}}{\text{固定負債}+\text{純資産}}$
営業キャッシュフロー対固定負債比率(%)	$\dfrac{\text{営業活動による営業キャッシュフロー}}{\text{固定負債}}$
純資産比率	$\dfrac{\text{純資産}}{\text{総資本}}$
負債比率	$\dfrac{\text{負債}}{\text{純資産}}$
インタレスト・カバレッジレシオ(倍)	$\dfrac{\text{営業利益}+\text{受取利息・受取配当金}}{\text{支払利息}}$
インタレスト・カバレッジレシオ(キャッシュベース)(倍)	$\dfrac{\text{営業活動によるキャッシュフロー}}{\text{支払利息}}$

　さらに、長期の安全性の指標として、貸借対照表の貸方である資本構成から判断するものがあります。純資産比率とは、総資本に占める純資産の割合です。純資産比率が高ければ高いほど、負債が少ないということになるので、返済に要する資金が少なくすみます。負債比率は、純資産に対する負債の割合です。負債比率が高まれば、返済に要する資金需要が増加するため、資金的に逼迫してくることが示唆されます。

　負債比率が高くなればなるほど、利息支払い能力が下がってくるため、安全性が劣るようになります。この点を、損益計算書の数値を使った以下の指標で分析します。インタレスト・カバレッジレシオは、支払わなければならない利息の何倍の利益を稼いでいるかをみるものです。この数値が高ければ高いほど、利息支払い能力が高いということができます。キャッシュベースのインタレスト・カバレッジレシオは、営業活動からのキャッ

シュフローを使用することで、より正確に利息支払い能力を分析すること
が可能となります。

使用目的	企業が将来的に成長できるかについて明らかにする

　企業が将来的に成長できるかどうかを分析する代表的な指標としては、以下の4つを挙げることができます。売上高成長率と総資産成長率は、規模の代表的指標である売上高、総資産の成長率をみることで、全体としての成長性を評価することができます。企業の質的な成長をみる場合、企業の主要な業績を示す営業利益（または経常利益）の成長率である営業利益（経常利益）成長率を分析するのが一般的です。また、研究開発費成長率が高い企業は、将来の製品開発に積極的に投資を行っていると評価できます。これ以外にも貸借対照表、損益計算書、キャッシュフロー計算書の各項目の成長率も計算してみる必要があります。

公式 6-9 成長性分析

売上高成長率(%)	当期売上高—前期売上高 前期売上高
総資産成長率(%)	当期末総資産—前期末総資産 前期末総資産
営業利益成長率(%)	当期営業利益—前期営業利益 前期営業利益
経常利益成長率(%)	当期経常利益—前期経常利益 前期経常利益
研究開発費成長率(%)	当期研究開発費—前期研究開発費 前期研究開発費

＊研究開発費は損益計算書本体には表示されず、注記として開示されることが多い。

　総資産成長率は、売上債権、棚卸資産、買入債務などの成長率に分解できます。これら各資産、負債、純資産の成長率を相互に比較することも重要な分析です。たとえば、売上高成長率より棚卸資産の成長率の方が高ければ、売上高の伸び以上に、在庫である棚卸資産が増加していることにな

ります。この場合、販売効率が下がってきている可能性があります。また、売上高成長率はプラスなのに、営業利益成長率がマイナスだった場合は、売上原価や販売費及び一般管理費が肥大化しているかもしれません。そうなると、成長率は高ければよいとは、単純に言い切れないことになります。

分析ツール5　損益分岐点分析

使用目的 | 企業の採算ラインを把握して、収益構造や販売戦略を分析する

　損益分岐点分析を行う場合には、営業費用を変動費と固定費に分解します。まず固定費とは売上高の増減とは無関係に一定額発生する費用のことです。一方、変動費は売上高に比例して増減する費用のことです※。費用分解ができたと仮定して、次のケースを用いて実際に損益分岐点分析を行ってみましょう。

　【ケース】高級家具の製造と販売を行うX株式会社の当期売上高は1400万円、売上原価とその他の変動費の合計は960万円でした。計算を簡略化するために、単価7万円の家具を200個販売したことにします。売上原価はすべて変動費と仮定します。固定費は300万円だったので、営業利益は140万円となりました。なお、売上高から変動費を控除した利益を貢献利益と呼びます。

表6-1　簡易損益計算書　　　　　　　　　　　　（単位:万円）

売上高（＝¥70,000×200個）	1400
売上原価＋その他の変動費（＝¥48,000×200個）	960
貢献利益	440
固定費	300
営業利益	140

　表6-1にもとづいて図6-4を作成しました。縦軸は売上高や費用を表す金額を、横軸は販売個数を表しています。固定費の300万円は販売個数に関係なく固定的にかかります。固定費に、販売個数とともに変化する変動

※固定費の例に、家賃、減価償却費、人件費などが挙げられる。変動費の例に材料費や外注加工費が挙げられる。

図6-4　損益分岐点分析のしくみ

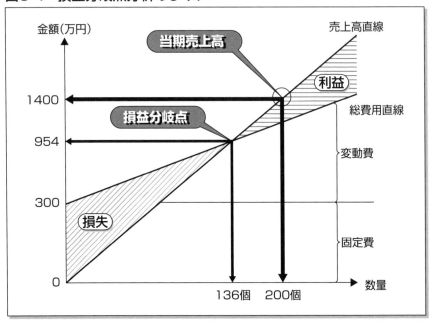

費の増加分を上乗せすることによって描かれるのが総費用直線です。図6-4からわかるとおり、売上高が954万円のとき、売上高と費用が一致します。ここが損失も利益もゼロとなる損益分岐点です。この売上高を下回ると赤字となり、上回ると黒字になります。このときの売上高を損益分岐点売上高と呼びます。損益分岐点売上高は、次の計算式によっても求められます。

公式 6-10 損益分岐点売上高

$$損益分岐点売上高 = \frac{固定費}{1 - \dfrac{変動費}{売上高}} = \frac{300}{1 - \dfrac{960}{1400}} = 954(万円)$$

　ケースから販売商品の単価がわかるので、何個販売すれば黒字になるかも損益分岐点分析を行うことで明らかにすることができます（954万円÷7万円/個≒136個）。

　またケースから、目標とする営業利益が200万円であるとわかれば、目標売上高は次のように計算されます。

公式 6-11 目標売上高

$$目標売上高 = \frac{固定費 + 目標営業利益}{1 - \dfrac{変動費}{売上高}} = \frac{300 + 200}{1 - \dfrac{960}{1,400}} = 1591(万円)$$

　損益分岐点売上高がわかると、企業の収益構造や販売戦略を読みとることが容易になります。反面、変動費と固定費の明確な分解は、きわめて困難です。統計的手法を使う方法や、費目ごとに、変動費か固定費に区分するといった手法があります。

分析ツール6 　資金調達手段の選択

使用目的　資金調達手段の選択が経営にどのような影響を与えるかを理解する

　大まかに資金調達手段は、債券発行による資金調達（負債調達）と新株発行による資金調達（株式調達）に分類されます。負債調達が損益計算にもたらすポジティブな影響として、次の点が指摘されます。

① 資本コストである支払利息は契約により一定であるため、変動は少ない。

② 金利は企業の格付けによって決定されるため、財務状態が健全な企業ほど、利率を低くできる。

③ 支払利息は税務上損金算入されるため、節税効果を持つ。

　他方、負債調達が損益計算に与えるネガティブな影響としては、次の点が考えられます。

④ 支払利息が多ければ多いほど、主要な業績指標として使われる経常利益が少なくなる。

⑤ 支払利息が多くなればなるほど、企業の安全性指標の１つであるインタレスト・カバレッジレシオが低くなる。

　では負債が事業運営に与えるリスクには、いかなるものが考えられるでしょうか。

⑥ 債券発行による多額の資金調達は、事業計画の設定において、将来を楽観視しすぎることがあり、実行可能性を過大評価してしまうことがある。

⑦ 社債等による資金調達は、財務上の特約（covenant）によって事

業運営の自由度はある程度束縛される。

　以上の点から、リスクに対し寛容な経営者は、負債調達を許容する傾向にあるといえるでしょう。

　では、株式調達には、どのような意味があるでしょうか。最大の特徴は、株式発行によって資金調達を行ったとしても、調達資金の返済義務はない、ということです。株式調達が損益計算に与えるポジティブな影響は、以下の点です。

⑧　損益計算書では、配当金支払いに係る支出は業績指標である営業利益や経常利益、税引後当期純利益の計算には関わらない。

⑨　資本コストである支払配当金は、利益の額に応じて決まる。

　他方、株式調達が事業運営に与えるネガティブな影響として、次の点を挙げることができます。

⑩　支払配当金には節税効果はない。

⑪　株式調達は、1株当たり利益の希薄化を招き、株価にあまりよい影響は及ばない。

　収益性の高い企業の負債比率は低く、倒産リスクは低くなります。収益性が高い企業は、過年度利益の累積によって、負債比率が下がっていくからです。しかし負債比率が低すぎる企業は、配当を増やしたり、株式市場からの自社株買入を増やすなどの、資本還元措置を講じる必要があります。

第7章
分析ツール：マーケティング

　本章では、マーケティングの観点からケースを分析する際に使う代表的な分析手法を紹介します。戦略論と重複する部分もありますが、主にマーケティング戦略に関係するツールを選びました。分析ツールは以下の5点です。

①　事業ドメイン
②　競争地位別戦略
③　STP
④　製品ライフサイクル
⑤　マーケティング・ミックス

　これらのツールは、全社から個別へという順序で並んでいます。まず第1に、企業は自らの事業領域を確定するために事業ドメインを決定します。第2に、市場競争地位に応じたマーケティング戦略を策定しなければなりません。第3に、市場セグメントを識別したうえでターゲット市場を確定します。第4に、マーケティング戦略を策定する際には、製品市場の発展段階を考慮する必要があります。そして最後に、製品、価格、プロモーション、流通チャネルといった要素を組み合わせて、マーケティング・ミックスを決定します。

分析ツール1　事業ドメイン

使用目的	自社の事業領域を確定する

　事業ドメインとは「市場において企業が長期的に経営資源を投入し、競争優位を構築する事業領域」を意味します。明確な事業ドメインの構築は、企業に対しては限られた経営資源の投入に戦略的方向性を与える基礎として、またターゲット顧客層に対しては企業のアイデンティティを映し出すものとして極めて有効です。

図7-1　事業ドメイン

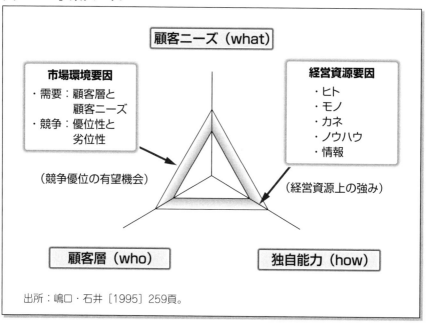

出所：嶋口・石井［1995］259頁。

　図7-1に示すように事業ドメインは、どのような顧客層の（who）、どのようなニーズを（what）、どのように満たすのか（how）という3つの次元から構成されます。事業ドメインを策定することは、これら3つの次元を確定することといえます。

第1の顧客ニーズの明確化は、自社の既存顧客あるいは潜在顧客のどのようなニーズを満たすのかを確定することです。たとえば、自動車に対する顧客のさまざまなニーズに対して自動車メーカーは、性能、スタイル、安全性、あるいは価格という面から顧客が重視するニーズに合わせて自動車を開発・生産・販売します。

　第2のターゲット顧客層の明確化は、自社の製品・サービスを誰に提供するのか、すなわちターゲットをどこにおくかという次元です。ここでは人口統計的基準や社会経済的基準などを用いて市場を細分化し、焦点を合わせるべき市場セグメントを確定します。上に挙げた顧客ニーズの明確化と合わせて、このターゲット顧客層の明確化によって戦略的に企業が訴求しようとする市場に焦点を当てることができます。

　第3の独自能力の明確化は、ターゲット顧客層の特定ニーズを満たす手段あるいは方法に関する次元です。ここで重要なのは、そうした独自能力が自社の強みが発揮されるものであり、また競合他社が容易に模倣できない経営資源や仕組みに基礎づけられたものでなければならないという点です。

　3つの次元が矛盾することなく相互に整合的であり、かつ外部・内部環境の変化に合わせて柔軟に組み替えられることが事業ドメインの長期的成果を高めるうえで不可欠です。

分析ツール2　競争地位別戦略

使用目的	市場競争地位に応じたマーケティング戦略の策定

　市場における企業の競争地位は、市場シェアの高低からリーダー（最大シェア）、チャレンジャー（２番手）、ニッチャー（特定セグメント）、フォロワー（３番手以下）の４つに分類することができます（表7-1）。

　これら４つの競争地位により、それぞれの地位に応じた最も合理的な戦略が決まります。

表7-1　競争地位別戦略

競争地位	市場目標	競争対応戦略基本方針	需要対応戦略	
			市場ターゲット	マーケティングミックス政策
リーダー	・最大市場シェア ・最大利潤 ・名声・イメージ	全方位	フルカバレージ	・製品：中〜高品質を軸としたフルライン化 ・価格：中〜高価格水準 ・チャネル：開放的チャネル ・プロモーション：中〜高水準、全体訴求型
チャレンジャー	・市場シェア	差別化	セミフルカバレージ	・製品 ・価格 ｝リーダーとの差別化 ・チャネル ・プロモーション
ニッチャー	・利潤 ・名声 ・イメージ	集中	特定市場セグメント （製品・顧客層の特化）	・製品：限定ライン、中〜高品質水準以上 ・価格：中〜高価格水準 ・チャネル：限定的 ・特殊チャネル ・プロモーション：特殊訴求
フォロワー	・生存利潤	模倣	経済性セグメント	・他社並み・以下の品質 ・低価格水準 ・価格訴求チャネル ・低プロモーション水準

出所：嶋口・石井［1995］214頁。

①リーダーの戦略

　リーダーの市場目標は現在の最大シェアを維持し、最大の利潤を得ることにあります。業界を代表する企業であることから、名声・イメージといった社会的な評価を高めることも重要です。そのためマーケティング戦略の基本方針は、すべての市場セグメントをターゲットとするフルカバレージの全方位戦略を展開することです。マーケティング・ミックスはこのフ

ルカバレージに対応して、製品はフルライン、チャネルは開放的で、プロモーションも全体訴求型となり、また名声・イメージが重視されるため価格は中〜高水準となります。

②チャレンジャーの戦略

チャレンジャーの市場目標は市場シェアを高め、最終的にはリーダーの地位を奪うことにあります。しかし、経営資源でリーダーに劣っているため、市場ターゲットとしてはセミフルカバレージを追求すべきです。直接的・全面的にリーダーに競争を挑むことは得策ではなく、マーケティング・ミックスの要素すべての面においてリーダーとは徹底的に差別化する方向で戦略を立てることが必要となります。

③ニッチャーの戦略

ニッチャーの戦略は、自社の経営資源の優位性を最大限に発揮できる市場セグメントに特化し、その特定市場セグメントでリーダーとしての地位を獲得することです。ニッチャーの市場目標は市場全体におけるリーダーの市場目標と同様に、特定市場セグメントでの利潤と名声・イメージを獲得することにあり、それを達成するために製品ラインは限定的で、チャネルやプロモーションは特定市場セグメントに適合した方法が採用されます。

④フォロワーの戦略

フォロワーの市場目標は、企業としての存続に必要な最低利潤を確保することです。そのためにはすでに成功が実証済みの戦略を模倣し、製品開発やマーケティング、その他の活動にできるだけコストをかけないことが必要です。市場ターゲットはそうした製品・サービスを受け入れる経済性セグメントが中心となり、そのセグメントへの訴求に適したマーケティング・ミックス戦略がとられます。

しかし同時に、フォロワーは模倣による生存利潤の確保だけでなく、経営資源の蓄積にも努力し、チャレンジャーまたはニッチャーへの競争地位の移行を目指すべきです。

分析ツール3　STP

使用目的	市場識別、ターゲティング、差別化の一連のプロセスの合理性を分析する

　市場細分化（Segmentation）とは、「市場を異なったニーズからなる
ものと捉え、顧客の特性に応じて全体市場をいくつかに区分けすること」
をいいます。次にその区分の中でどこを狙うべきなのか、つまりターゲッ
ト（Target）が決定されます。最後に決定されたターゲットをめぐる競
争に対応するために、競合企業との相違を明確に位置づけること、すなわ
ちポジショニング（Positioning）を行います。この一連のプロセスを各
分析の頭文字をとって、STPと呼びます。

1. 市場細分化

市場細分化の基準には、以下のようなものがあります。

①**地理的基準**　顧客ニーズが地理的に異なる点に注目するもので、国、都
　道府県、都市、あるいは気候などが挙げられます。自動車や家電製品の
　ようなグローバル市場の場合、国ごとの法規制の違いは重要な細分化の
　基準となるでしょう。

②**人口統計的・社会経済的基準**　消費財の市場細分化で最も重要な基準と
　して用いられてきたのが、人口統計的・社会経済的基準です。人口統計
　的基準は、性別、年齢、世代、ライフステージ、世帯構成などからなり、
　社会経済的基準には所得、職業、教育などがあります。

③**心理的基準**　ライフスタイルやパーソナリティといった顧客の心理的要
　素を基準とするものです。洋風か和風か、伝統的か保守的か、外向的か
　内向的かといった要素で分類したり、本物志向やグルメ志向といった特
　徴づけが行われることもあります。

④**行動的基準**　製品サービスに対する顧客の知識や反応を基準とするもの
　で、製品の利用状況や購買頻度、製品に求める便益、製品へのブランド・
　ロイヤルティや態度などが構成要素です。製品の利用状況や購買頻度で

はヘビーユーザーかライトユーザーか、製品に求める便益ではコストパフォーマンスを重視するかどうか、ブランド・ロイヤルティが高いかどうかといった点で細分化することができます。

このように市場細分化の基準には多様なものを挙げることができますが、通常は単独の基準だけではなく、製品にとって重要と考えられる複数の基準を組み合わせて用いられます。

2．ターゲット市場の選定

市場細分化によって全体市場を構成する複数の市場セグメントが識別されると、次にどの市場セグメントをターゲットとするかが決定されます。このターゲット市場の選定には、以下のような3つの基本アプローチがあります。

①**無差別型マーケティング**　市場ニーズの異質性よりも同質性に重点をおき、市場全体に単一のマーケティング・ミックスを実施する方法です。マスセグメントをターゲットとするためマーケティング・コストは抑えることができますが、製品・サービスの訴求力という点では他の2つに比べて劣ることがあります。

②**差別型マーケティング**　市場細分化を行ったうえで、複数の市場セグメントに対してそれぞれ異なるマーケティング・ミックスを用いる手法です。セグメントごとにきめ細かなマーケティングが行われるため、顧客ニーズに対する訴求力は高いといえます。

③**集中型マーケティング**　市場を細分化したうえで、自社の強みが活かせる特定の市場セグメントだけをターゲットとし、その市場セグメントで独占的な地位を占めようとする手法です。自社の経営資源が相対的に小さい場合に採用される方法です。

3．ポジショニングの決定

顧客が当該製品・サービスを選択するうえで重要な条件を想定し、競争

にうまく対応するために、その条件の中で自社の製品やサービスをどこに位置づけるとよいのかを考えます。簡便な方法としては、「ポジショニング・マップ」の作成があります。最も重要な２つの条件を軸とする平面を想定し、その中に自社や他社の製品・サービスを位置づけます。そして、差別化が必要な場合は競合企業とは異なる位置を探し、また同質化を目指す場合は競合企業の近くや同じ位置を探し、その位置取りを実現できるマーケティングを考えます。

　ターゲット市場の選定にあたっては、市場規模、自社の強み、製品ライフサイクルの段階、参入障壁、競合他社の戦略、および市場を取り巻く環境要因を十分に考慮しながら決定しなければなりません。

分析ツール4 製品ライフサイクル

使用目的	製品市場の発展に応じたマーケティング戦略の策定

　製品ライフサイクルは製品の市場寿命を描いた概念モデルで、新製品が市場に導入されてから次第に普及し、やがて市場から姿を消すまでの過程を指します。図7-2に示すように縦軸に金額・数量、横軸に時間をとると、製品ライフサイクルは緩やかな曲線を描き、導入期、成長期、成熟期、衰退期の4つの段階に分かれます。この考え方が重要なのは、製品がライフサイクルのどの段階にあるかによって有効なマーケティング戦略が異なるからです。

図7-2　製品ライフサイクル

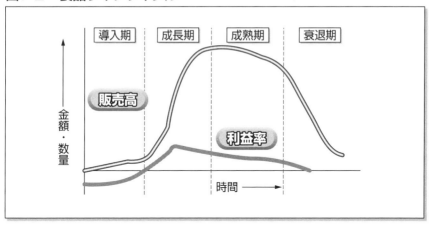

①**導入期**　導入期は、それまで存在しなかった製品が市場に投入される段階です。この段階では売上高の伸びは非常に緩やかであり、製品開発や製品導入にともなうコストが非常に大きく、ほとんど利益を上げることができません。まったくの新製品であるために顧客、流通業者、さらに競合他社にもその製品の価値や便益、使用方法がわからない状態です。
　　導入期で行うべきことは、広告を中心とする積極的なプル戦略を展開

することで顧客に製品の価値や便益・使用方法を伝達するとともに、営業やリベートなどの活用によるプッシュ戦略を通じて流通業者に製品の取り扱いを働きかけることです。

②**成長期**　成長期に入ると、市場は文字どおり急速に伸びはじめ、売上高・利益ともに増大してきます。顧客は製品の便益・使用方法に関する知識を持つようになり、それにともなって製品に対するニーズも少しずつ分かれていきます。市場の発展をチャンスととらえて競合他社が類似製品を導入して市場に参入し、取り扱い流通業者も増えてきます。

　成長期で有効なマーケティングはプッシュ戦略で、製品の基本機能が強調され、人的なプロモーション活動が行われます。競合製品に対しては基本機能レベルでの差別化を図ったり、新しい市場セグメントを開拓することが必要となってきます。

③**成熟期**　成熟期では、市場の伸びが鈍化し、利益は低下していきます。新規参入がなくなって業界を構成する企業数が一定となり、各企業の市場シェアも安定するなど業界の構造が固定化してくるのがこの段階で、需要も新規から買い替えへと移っていきます。市場が伸びないために、自社製品のシェアを高めるには競合製品のシェアを奪わなければならず、企業間競争が激しくなります。

　この段階ではプル型マーケティングが中心となります。製品間の技術面・性能面での差異が小さくなるので、市場におけるポジショニングと二次機能やイメージを強調した差別化が重視され、テレビのようなマスメディアを使って顧客に訴求されます。

④**衰退期**　優れた代替製品が出現したり、顧客ニーズやライフスタイルの変化などにより市場が縮小し、売上高・利益ともに減少していくのが衰退期です。この段階では、新規の投資がほとんど必要ないために、シェアの比較的高い上位企業の中には利益を上げることができる企業もありますが、中位・下位企業は製品に新たな価値を創出して市場に残るか、あるいは市場から退出するかを決定しなければなりません。

分析ツール5　マーケティング・ミックス

使用目的 | マーケティングの基本戦略を理解する

　マーケティングの基本戦術は、製品（Product）、価格（Price）、流通チャネル（Place）、およびプロモーション（Promotion）の４つの要素戦略を整合的に組み合わせたマーケティング・ミックスです。各要素の英語の頭文字をとって、「4P」と呼ばれます。ここではそれらの各要素戦略について概観します。ここで注意したいのが、ターゲットに支持される差別化の実現に向けて、すべての要素を整合的に運用することです。差別化の方向性と各要素が整合的か、各要素間に矛盾がないかに注意してください。マーケティング・「ミックス」という表現は、そのような整合的運用を指しています。

1．製品戦略

　製品戦略とは、ターゲット顧客層のどのようなニーズにどのような製品・サービスを通じて訴求するかに関わる戦略です。マーケティングにおいて

図7-3　5つの製品レベル

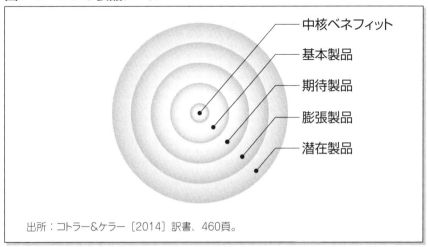

中核ベネフィット
基本製品
期待製品
膨張製品
潜在製品

出所：コトラー＆ケラー［2014］訳書、460頁。

製品とは物理的な属性だけではなく、それを所有・使用・消費することで買い手のニーズを満たす便益の束と考えます。製品を便益の束として捉えることによって、製品戦略はより広い枠組みで理解することができます。以下では製品差別化とブランドを中心に製品戦略を説明します。

①**製品差別化**　製品差別化とは物理的ないしサービス上、あるいはイメージ上で自社の製品を競合他社のそれとは異なるものとして位置づける方法です。

　どのレベルで製品差別化を行うべきかは、図7-3に示すように製品を階層的に捉えると理解しやすいでしょう。レベルが上がるほど、顧客にとっての価値は高まると考えられます。

　製品の最も中心にあるのが「中核ベネフィット（core benefit）」であり、顧客が実質的に手に入れる基本的なサービスやベネフィットを意味します。

　その周辺を取り巻くのが「基本製品（generic product）」で、「中核ベネフィット」を実現するために絶対に必要な属性や特性が具体化された製品のことです。

　3つ目が「期待製品（expected product）」で、顧客が製品を購入するときに普通なら備わっていることを期待する一連の属性と条件が備わっている製品です。開発途上国や新興国市場では、競争は概ねこのレベルで生じるといわれます。

　4つ目が「膨張製品（augmented product）」で、競合との差別化に資する追加的な特徴、便益、属性、関連するサービスなどを含んだ製品です。このレベルにおいては、ユーザーが製品を購入し、その製品やそれにともなうサービスを利用する方法も考慮する必要があります。なお、先進国では、ブランドの差別化と競争はこのレベルで起こるといわれます。

　5つ目が「潜在製品（potential product）」で、製品が将来的に実現するであろうあらゆる膨張とその具体化を含む製品です。これは企業が顧客を満足させ、自社の提供物を特徴づける新しい方法を模索するレベ

ルであり、顧客がまだ必要かどうかさえ気づいていないニーズを創造する試みといえます。

製品はこれら5つのレベルについて検討する必要があります。

製品差別化で注意すべき点は、このうちどのレベルの差別化が製品戦略上最も重要であるかは、製品特性や製品ライフサイクルの段階によって異なるということです。

②**ブランド**　ブランドとは、一般に自社製品を他社製品から区別するためにつけられる名前、シンボル、マーク、デザインなどを指します。製品にブランドをつけるメリットとしては、企業と顧客に対してそれぞれ表7-1の点を挙げることができます。

表7-1　企業と顧客それぞれのブランドをつけることによるメリット

「企業」
- 法的保護が受けられ、競合と差別化しやすくなる。
- 対外的に品質や特徴を示すシグナルとなる。
- ブランドの拡張により、成長機会が増加する。
- 競争優位の源泉となる。
- 財務的成果の源泉となる（安定的売上げ、値崩れ防止による収益確保など）。

「顧客」
- ブランドを識別することで、効率的な購買判断ができる。
- 品質に対する判断基準となる。
- ブランドが提案するライフスタイルや打ち出すイメージと自己を重ねることにより、使用したり経験したりする満足度が向上する。

出所：グロービス経営大学院編［2017］153頁。

図7-4に示すように、ブランドの基本戦略は対象とする市場が既存か新規か、および使用するブランドが既存か新規かという2つの次元で整理することができます。

既存市場で既存ブランドを浸透させる戦略がブランド強化であり、ブラ

図7-4　ブランドの基本戦略

出所：和田・恩蔵・三浦［2006］186頁を修正。

ンドの浸透が不十分であったり、競争が激化した場合にとられる戦略です。新規市場に既存ブランドを投入するのがブランド拡張で、既存ブランドが強力な場合、そのブランド力を他の市場に持ち込みやすくなります。新規ブランドを既存市場に導入するのがブランド変更で、値崩れしたブランドを廃棄したり、新ブランドで新しさを強調するときに行われます。新規ブランドで新規市場をターゲットとするのがブランド開発です。最もリスクが高い方法ですが、新規市場が製品ライフサイクルの導入期にある場合には有効な戦略です。

２. 価格戦略

　価格には、製品の価値を示すという側面と販売を通じて売上げ・利益を生み出すという２つの側面があります。価格は、売り手にとっては生産や財務など企業全体にわたる意思決定に大きな影響を与えると同時に、買い手にとってはその製品の品質を評価する指標として機能します。

　製品につけられる価格は、利益を確保することができ、顧客が受け入れられる範囲で、そして競合製品の価格を考慮して設定しなければなりません。つまりコスト、需要、および競争という３つの点を踏まえて価格設定

を行う必要があります。これらの点にもとづいた価格設定の方法は次のとおりです。

①**コスト志向の価格設定**　コスト志向の価格設定は、売り手が安定した利益を確保することを目的に行われるもので、コストプラス法（原材料費、人件費、広告費、物流費といったコストに一定の利益を加えて販売価格とする方法）と、損益分岐点による価格設定法（損益分岐点となる売上数量を超えると利益が発生し、超えなかった場合には赤字が生じる点を考慮して決定される方法）があります。

②**需要志向の価格設定**　顧客が製品に認識する価値に注目するもので、次の2つに分けられます。第1の方法は、知覚価値にもとづく価格設定で、その製品を顧客がどの程度欲しいと思っているのか、いくらなら支払うつもりであるのかを明らかにしたうえで、それをもとにして価格を決める方法です。第2の方法は需要価格戦略と呼ばれるもので、市場セグメントごとに価格を変える方法です。この方法は顧客層（学割など）、時間帯（深夜、平日等）、場所（S席、A席等）等セグメントに応じて異なった価格を提示します。

③**競争志向の価格設定**　この方法は、競合製品の価格を意識して設定され、入札（最も低い価格を提示した売り手と売買契約）、実勢価格（市場ですでに成立している価格水準にそって価格を設定）といった方法があります。

3. 流通チャネル戦略

　流通チャネルとはメーカーから最終消費者、または生産財ユーザーへの所有権の移転経路を指します。流通チャネル戦略は、どのような流通チャネルを通じて、またはどのような立地で製品を販売するかを決定することです。

　メーカーから顧客までの流通チャネルが何段階から構成されるかは、流通チャネルの長さとして表されます。消費財メーカーの場合、製品が最終

消費者の手に渡るまでに卸売業者や小売業者といった流通業者を経由するのが一般的です。さらに何段階かの卸売業者を経由したり、メーカー系列の販売会社を通す場合もあります。通信販売やネット販売などでは、流通業者を通さずに直接消費者に販売することができます。また百貨店、量販店、コンビニエンスストアなど、どのような小売販路を通じて販売するかを決定することも重要です。

　ある企業の流通チャネルがどの程度市場をカバーしているかは、その製品を取り扱う流通業者の多さとしてとらえることができます。流通チャネルの幅にかかわる戦略には、次のような3つのパターンがあります。

①**開放的チャネル**　製品の取り扱い流通業者をできるだけ多くし、買い手の入手可能性を最大限に高めることを目的とするもので、食料品や日用品といった最寄品で多くみられる方法です。

②**選択的チャネル**　一定の基準にもとづいて流通業者を選別し、選ばれた流通業者のみを通じて販売を行う方法です。単価の高い買い回り品や専門品の場合にこの方法が多く用いられます。

③**専売的チャネル**　排他的あるいは独占的チャネルとも呼ばれ、メーカーが一定の地域に原則として1つの流通業者を選定し、その流通業者に排他的な販売権を与える方法です。流通チャネルに対するメーカーのコントロールが最も強くなるのがこの方法で、自動車やガソリン、高級化粧品などで採用されています。

4．プロモーション戦略

　プロモーション戦略とは、顧客に製品情報を提供したり新しい使用方法を提案することによって製品に対する需要を喚起する活動をいいます。プロモーション戦略は大きく広告、広報、セールス・プロモーション、人的販売、およびクチコミの5つの要素から構成され、これら5つの活動の組み合わせがプロモーション・ミックスと呼ばれます（図7-5）。

　広告は、マスメディアやインターネット媒体を通して製品の販売を促進

図7-5　プロモーション戦略の要素

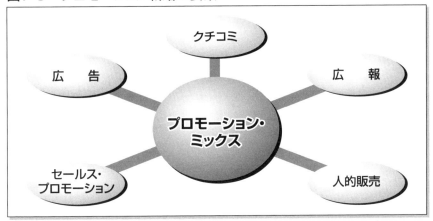

するためにスポンサーによって行われる非人的で有料の情報伝達活動です。広報はPRとも呼ばれ、企業にかかわるさまざまな関係集団との間に良好な関係を形成・維持するための活動です。セールス・プロモーションとは広告などの非人的販売と人的販売を補完し、これらの活動を促進させるために行われる活動を指します。そして人的販売は人を介して行われるプロモーションで、顧客との人的な接触によって購買を促す営業や店頭販売をいいます。

　プロモーション戦略は、人的販売（営業）やセールス・プロモーションのように営業担当者や販売員を通じてその製品を顧客に紹介するプッシュ戦略と、広告に代表されるように非人的な手段を通じて顧客に直接訴求し買い手からの需要を喚起し、ブランド指名を促すプル戦略があります。

　プッシュ戦略とプル戦略はどちらか一方のみを行うのではなく、相互補完的に組み合わせて展開することが重要です。

　また近年のソーシャル・メディアの普及にともない、プロモーションの一環として、消費者間のパーソナル・コミュニケーションの重要性が増してきています。中でも、ネット環境におけるクチコミは、空間的な到達範囲の広さ、到達スピードの速さ、帰属する社会からの自由度の大きさなど

から、その影響の大きさは無視できなくなっています。企業によっては、クチコミをプロモーションだけではなく、製品評価や開発にも利用しています。ただし、クチコミは消費者間で行われるため、企業が完全にコントロールできるわけではなく、またネガティブな情報も多く交換されることから、マーケティング活動に組み込むには難しさがあることも事実です。したがって、ネットにおけるクチコミについては、統制をするよりも、支援するというスタンスが向いていると考えられます。

┃ 5. サービス・マーケティング・ミックス

　サービス財のマーケティングにおいては、上述の4Pに加えて、新たな要素を考慮する必要があります。その代表的なものとして、参加者（Participants）、物的環境（Physical evidence）、プロセス（Process）の3つがあります。4Pにこの新たな3つの「P」を加えた「7P」の整合性を考慮しながらサービス・マーケティング戦略を考えることを、「サービス・マーケティング・ミックス」といいます。

①**参加者**　サービス提供者とそのサービスを直接受けている顧客が主に想定されますが、同時に他の顧客も視野に入れることも大切です。あるサービスを受けている際、自分の周りにどのような顧客がいるか、他の顧客についてどのように感じたか、他の顧客とどのようなコミュニケーションをとるのかによって、顧客の感じるサービス品質や満足度は大きく異なるからです。たとえば、静かに食事を楽しみたいときに騒がしい顧客が隣にいたり、病院の大部屋に入院中に周囲の入院患者との反りが合わなかったりすると、同じサービスを受けていたとしても、それに対する品質の感じ方や満足度は影響を受けることでしょう。サービスにおいて参加者が重要になるのは、サービスは生産者と消費者が互いに関わり合うことで生み出されることに加え、その生産と消費が同時に生じるために、誰がそこに関わり、どのように振舞うのかが、サービス品質を決定づけるからです。

②**物的環境** サービス提供を実現するうえで利用される、あらゆる物的要素のことです。具体的には、サービスを提供する際に利用される施設や設備、パンフレットや従業員の制服などが挙げられます。参加者のところでも説明したとおり、サービスは生産者と消費者の関わり合いの中で生み出されるため、誰が、いつ、どのようにサービスを提供するかによって、内容や品質に差が出がちです。そこで、物的環境を用いることで、顧客にサービス内容を事前に知らせる手がかりとしたり、サービス内容や品質の標準化を図ったりします。たとえば、高級な美容室であれば、シャンプー台やインテリアにも高級なものを用いることで、美容院が提供しようとしているサービス品質の高さ、ターゲット顧客、価格などについて手がかりとなるメッセージを顧客に伝えられます。またたとえばビジネスホテルでは、個人によって対応に差が出がちなカウンター業務において、自動チェックイン機を設置することで、サービス品質の標準化を進めることができます。

③**プロセス** サービス提供を実現するための諸活動の手順のことです。たとえば、高級レストランであれば、ウェイターが顧客を出迎え、席の好みを聞いたうえで案内をし、椅子を引いて顧客の着席を促し、ワイン・リストとメニューの説明、顧客の好みを聞きながらオーダーをとり、顧客の食事の進み具合をみて厨房に調理のタイミングを伝え、できた料理をテーブルに運び、食事を終えた食器も抜群のタイミングで下げてくれ、食事を終えたらテーブルで会計を行い、帰り際も丁寧に見送りをしてくれるでしょう。しかし、同じレストランでもファスト・フード店では、多くがセルフ・サービスとなっていて、店員は最初にカウンターで注文をとり、先に会計を済ませるだけで、そこから先の食事を運んだり、食後に食器を片づけたりといった一連の作業は顧客自身が行うことが通例です。高級レストランとファスト・フードでは、サービスを提供する活動の数も種類も手順も明らかに違います。サービスは生産者と消費者が互いに関わり合うことで生み出されていくため、その手順をどのように

設計するかで、顧客が感じるサービス内容や品質は大きく影響を受けることになります。

第8章
分析ツール：組織

　本章では、組織論の観点からケースを分析する際に使う代表的な分析手法を紹介します。組織論は通常、組織レベルの分析を扱う「マクロ組織論」と、個人・集団レベルの分析である「ミクロ組織論」とに大別されます。こうした区分とは別に、組織論の中でバーナードを始祖とする「近代組織論」が有力な地位を占めているという見方もあります。ここでは、近代、マクロ、ミクロのそれぞれを代表するツールを2つずつ紹介します。

① 組織の定義と成立条件（近代組織論）

② 誘因と貢献（近代組織論）

③ 組織の環境適応（マクロ組織論）

④ 組織構造と組織設計（マクロ組織論）

⑤ リーダーシップ（ミクロ組織論）

⑥ 人的資源管理（ミクロ組織論）

　第1に、組織とは何か、またどのような条件が揃えば成立するのかを説明します。第2に、個人と組織の間にみられる、誘因と貢献の交換関係という枠組みを紹介します。第3に、組織の環境適応についての考え方を紹介します。第4に、組織形態の基本型や、組織設計に際して考慮すべき要因を説明します。第5に、とくに経営者のリーダーシップを診断するための視点を提供します。第6に、人的資源管理（HRM）に求められる整合性、一貫性をチェックする方法を紹介します。

分析ツール1　組織の定義と成立条件

使用目的　組織とは何か、またどのような条件が揃えば成立するかを理解する

　組織とは何かということについて、この言葉を定義するよりも例を挙げた方が簡単であるに違いありません。同文舘出版は1つの組織ですし、小樽商科大学も1つの組織です。前者は「企業」に分類され、後者は「大学」または「学校」に分類されるでしょう。固有名詞の代わりにこういった一般名詞によって組織の種類を例示していくとどうなるでしょうか。他にも「病院」、「官公庁」、「政党」、「組合」、「部・サークル」などが挙げられることでしょう。

　バーナードは、ニュージャージー・ベル電話会社の社長を21年間にわたって務めた経営者でした。この間、彼は『経営者の役割』と題する書物を著しました。同書で彼は、私たちが通常「組織」と称している企業や大学といった実体のことを「協働システム（coöperative system）」として概念化しました。世の中には無数の協働システムが存在し、その数は総人口より多いかもしれません。

　それぞれの協働システムは個性的です。たとえば小樽商科大学の場合、（1）キャンパスの立地や施設などの物的側面（物的システム）に特徴があり、（2）教職員や学生、同窓生の顔ぶれといった人的側面（人的システム）も当然ながら大学固有であり、また（3）関連法規だけならばともかく、慣習や規範まで含めて考えると、その社会的側面（社会的システム）もかなり独自性を帯びているといえるでしょう。

　では、各協働システムから以上の諸側面を取り去った後には何が残るでしょうか。バーナードは、あらゆる協働システムに共通に認められる核心部分が残り、これこそが「組織」に他ならないと考えました。逆にいえば、組織は、物的システム、人的システム、社会的システムを結び合わせて協働システムをつくり上げる中心的役割を果たしていることになります。

　バーナードにとって、組織は「2人以上の人々の意識的に調整された活

動や諸力のシステム」を意味します。この定義の重要なポイントは以下の3点です。第1に、組織は人間そのものではなく、人間が提供する活動や諸力から成り立っています。人間そのものは上記のとおり協働システムにおける人的システムの構成要素です。なお、ここで諸力とは、意思決定力、注意力、思考力などの認知的な能力を指しています。

　第2に、組織は人間の活動や諸力で構成される1つのシステムです。システムとは結合された要素の集合です。活動や諸力がてんでばらばらに展開されるのではなく結合されている点に、組織の特徴があります。

　第3に、組織を構成する活動や諸力は「意識的に調整され」ています。人間が提供する活動や諸力を1つのシステムたらしめているのは、この意識的調整です。人間が他人と接触し、相互に作用し合っているとき、そこには常に意識的調整が働いているとは限りません。意識的調整が作動しない人間相互の接触や相互作用のことを「非公式組織」と呼びます。したがって、組織が意識的に調整されている場合には、これを「公式組織」と呼ぶ方が正確です。とくに断りがないかぎり、組織とは公式組織のことを指します。

　では、「2人以上の人々の意識的に調整された活動や諸力のシステム」としての組織（公式組織）は、どのような条件が揃ったときに成立するのでしょうか。バーナードは、以下の3つの要素が組織成立の必要十分条件であると述べています。

　①貢献意欲
　②共通目的
　③コミュニケーション

　組織はちょうど電磁場が、電力あるいは磁力の場であるように、人「力」の場です。そうした力の源は人々の貢献意欲であり、また力（活動や諸力）がまとまりを持つためには共通目的、そして相互の意思疎通のためのコミュニケーションが不可欠と考えられるのです。

| 使用目的 | どうすれば諸個人から必要な貢献を確保できるかを理解する |

バーナードによれば、管理者（エグゼクティブ）の仕事とは、組織を継続的に活動させる専門業務です。したがって、その主な仕事は前記の組織の３要素に対応します。すなわち、管理者は、

　①′諸個人から必要な貢献を確保する

　②′組織の目的や目標を定式化する

　③′コミュニケーション・システムを確立し維持する

の３種類の本質的な業務に従事することになります。

このうち①′の問題について、近代組織論は、組織と個人の間の関係を「誘因」と「貢献」の交換関係と捉えて分析しています。誘因とは組織によって（あるいは組織を通じて）参加者に対してなされる何らかの支払です。一方、貢献とは組織への参加者の組織に対する何らかの支払です。よって、組織への参加者それぞれは、組織から誘因を受け、その見返りとして組織に対して貢献を行っていることになります（以下、「組織」という言葉を一般的な意味で、つまり「協働システム」の意味で用います）。

組織への参加者はいわゆる「メンバー」に限定されません。マーチ＝サイモンは、企業組織への主要な参加者として、従業員、投資家、供給業者、流通業者、および消費者の５種類を取り上げています。たとえば、投資家は配当やキャピタル・ゲインといった「誘因」と引き換えに、企業組織に対して投資という「貢献」を行います。消費者も同様に、商品やサービスという「誘因」への見返りとして代金の支払という「貢献」を行います。

いずれにせよ、組織への参加者それぞれの貢献意欲は、貢献の反対給付として組織から参加者へ支払われる誘因（インセンティブ）に強く依存するのです。

伊丹敬之と加護野忠男は、企業組織からその「メンバー」である従業員に対して与えられる誘因を、マズローの欲求五段階説にもとづき次の５種

類に分類しています。

　①物質的インセンティブ：金銭的報酬が中心

　②評価的インセンティブ：上司や同僚からの称賛

　③人的インセンティブ：上司や同僚の人間的魅力、職場の居心地

　④理念的インセンティブ：組織や経営者が掲げる思想への共鳴

　⑤自己実現的インセンティブ：仕事の面白さ、役割の満足感

　このように、企業組織が従業員に対して提供しうる誘因は、決して金銭的報酬一色というわけではありません。バーナードは、現代では物質的誘因が非常に強調されるけれども、それによって最低限の生理的欲求が満たされてしまうと、他の誘因の力を借りないかぎり、貢献を引き出すうえで弱い効果しか持たなくなると述べています。

　企業組織の従業員と違って、非営利組織のメンバーであるボランティアは①の物質的インセンティブにまったくといっていいほど関心を示しません。では、ボランティアが期待する誘因は②～⑤のうちのどれかということになるのでしょうか。上記の誘因の5類型は、企業組織には非常に当てはまりがよいですが、これが非営利組織にもそのまま使えるという保証はなく、判断には慎重を期す必要がありそうです。このことに関連して、サイモンは、ボランティアは多くの点で企業組織の従業員よりもむしろ顧客に似ていると指摘しています。

　非営利組織の中には、誘因が少ないけれども貢献（負担）もまた少ないために存続しているものがあります。大事なことは誘因と貢献のバランスがとれていることです。なぜボランティア活動に参加しないのかというアンケート調査では、「参加する時間がないから」という回答が上位に来ます。人は組織への「貢献」の大きさをこのように見積もっています。つまりそれは、貢献するために放棄しなければならない他の選択肢（本業や家族との団らんなど）の価値なのです。

分析ツール3　組織の環境適応

使用目的	環境変化に対して組織が対処する術を知る

　先述のとおり、組織は1つのシステムです。システムの本質的特徴は、分化（differentiation）と統合（integration）の2つのプロセスが働くことです。つまり、システムはまず未分化の全体としてスタートし、しだいに特定化された作用を持った諸要素へと分解されて複雑性を増していきます（分化）。他方で、システムは環境の中でまとまりを持った全体として存続すべく、一定の部分が主導的役割を果たす形で統一を進めていきます（統合）。

　組織を1つの全体あるいはシステムと見なすフレームワークは「自然システム・モデル」と呼ばれ、「合理的モデル」と対比されます。合理的モデルに立脚すると、組織は公表された目的を達成するために合理的に考え出された道具と見なされ、「機械」にたとえられます。かたや自然システム・モデルに立脚すると、組織は自己完結的ではなく、環境との絶えざる相互作用を持つ単位と見なされ、「有機体」にたとえられます。

　バーンズ＝ストーカーは、ダイナミックで変化の激しい業界と安定的で確固とした業界の2つを取り上げ、それぞれの企業を調査しました。安定業界における企業組織は「機械的」になる傾向がありました。つまり、公式のルールや手続きに大きく依存し、意思決定は組織の上層で行われ、監督者の統制範囲（直接的に管理する部下の人数）は相対的に狭かったのです。これに対して、ダイナミックな業界において有効な企業組織は概して「有機的」でした。つまり、監督者の統制範囲は相対的に広く、公式の手続きにはあまり注意が払われず、意思決定は組織の中間層で行われていたのです。

　ローレンス＝ローシュも、システムとしての組織の内部構造が外部環境によってどのように影響されるのかを調査しました。組織の内部構造を理解するために、上記の「分化」と「統合」という概念が用いられました。

彼らの考えでは、分化とは「異なる職能部門の管理者間の認知的・感情的志向性の差」です。職能部門はそれぞれの「持ち場」についており、組織を取り巻く環境の諸条件のうちの一部分のみに対処します。その結果、たとえば製造部門の管理者と販売部門の管理者の間には、目標、時間視野、公式のルールや手続きに頼る度合いなどに関して差異が生じます。これが分化です。と同時に、組織の全体目的達成に向けて、システムの個々の部分は連結されなければなりません。これが統合であり、「環境からの要求に一致して努力するために必要とされる部門間の協力状態の質」と定義されます。統合を達成するための手段は、管理階層を通じた命令、日常的な統制や計画の手続き、委員会やチーム、統合担当者、公式のチャネルを経由しない個々の管理者の活動などです。

　ローレンス＝ローシュは、組織の有効性が環境状況に応じた分化、そして分化に応じた統合によってもたらされると結論づけました。すなわち、安定的な環境に適応している組織は分化の程度が低く、単純な統合手段（階層、計画、手続きなど）を用いる傾向がありました。一方、ダイナミックな環境に適応している組織は内部構造を高度に分化させ、それに応じてチームなどの精巧な統合手段を発達させているのでした。

　組織の環境適応というアイデアに対して、トンプソンは、組織内部には環境からの影響を極力抑え、高度の統制を達成すべき部分もあると提案しました。それが「テクニカル・コア」で、学校における教師のクラス運営、製造企業における加工工程、病院における患者の治療などが該当します。環境の変動をテクニカル・コアにとって安定的なものに変換するために、組織は①緩衝化（備蓄や在庫を持つ）、②平準化（需要量に応じた価格設定などで環境の変動を減少させる）、③予測（経験に学び環境の変動に対応する）、④割当て（患者のトリアージにみられるように優先順位を決める）などの手を打ちます。こういった活動は「境界連結（boundary-spanning）活動」と呼ばれます。

分析ツール4 　組織構造と組織設計

使用目的 組織形態の基本型、および組織設計に際して考慮すべき要因を知る

「構造」とは一般に、部分が相互に連結されたり全体を形づくったりする様式のことを指します。組織構造の定義もこれに準ずるでしょう。そして、組織の目的や目標達成のために、組織構造を選択したり改変したりすることを組織設計（組織デザイン）と表現します。

選択されたり改変されたりする組織構造のうちで最大の注目を集めるものは、何といっても組織形態です。組織形態の基本型として、職能別組織（図8-2）、事業部制組織（図8-3）、マトリックス組織（図8-4）の3つが知られています。

図8-1　単純構造　　　　図8-2　職能別組織

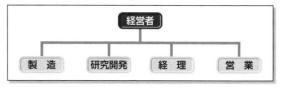

図8-3　事業部制組織　　　図8-4　マトリックス組織

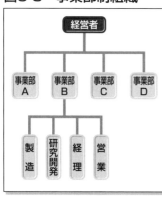
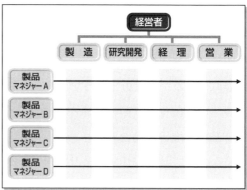

それぞれの組織形態には一長一短がありますが、それでもなおどれが最も優れているかを問うことはできるでしょうか。答えはノーです。ローレンス＝ローシュは、組織についての現行の調査や理論が、暗黙のうちに「あらゆる状況に適用できる組織化のワン・ベスト・ウェイ」を追求してきたと批判しています。そうではなく、各組織が直面するユニークな状況への適合が肝心という観点で組織設計を考えることを「コンティンジェンシー・アプローチ」と呼びます。

　組織設計に際して考慮すべき主な状況要因（コンティンジェンシー）は次の３つです。

① **規模**　設立から日が浅く、規模が小さいうちは、組織は分化も統合も未発達で、図8-1のような単純構造を採用している場合が大半です。大規模化するにつれ、組織は構造を精緻化させていきます。

② **環境**　バーンズ＝ストーカーやローレンス＝ローシュが解明したとおりです。環境がダイナミックに変化したり複雑であったりするほど、組織は「有機的」になる傾向があります。彼らが登場する以前には、組織は「機械的」であるべきだという見解が一定の支持を得ていました。コンティンジェンシー・アプローチは従来のこうした見解を否定するのではなく包摂しました。つまり、かつては組織を取り巻く環境が比較的安定的であり、その状況には機械的システムがより適していたのであろうと解釈したのです。

③ **技術**　同じことは技術という状況要因についてもいえます。大量生産を行っている組織と装置生産を行っている組織とでは組織構造に違いがあることがわかりました。そして、伝統的な組織論が主張してきたことは前者の大量生産組織によく当てはまりました。伝統的な組織論は間違っているのではなく、当時の大量生産組織の観察から得られたものであるからその範囲において妥当すると結論づけられました。

分析ツール5　リーダーシップ

使用目的	あるリーダーが本当に卓越しているかどうかを診断する

　リーダーシップは「最もよく研究されているが、最もよく理解されていないエリア」と評されることがよくあります。

　組織の現象や活動の中心にはリーダーシップがあるとする考え方を、「リーダーシップの幻想（ロマンス）」といいます。実証研究からは、組織の業績水準が極端に振れたときにリーダーシップの幻想が如実に表れることが明らかになりました。この結果を敷衍するならば、組織が大成功を収めた場合、組織を率いる人物のリーダーシップがさかんに称賛され、反対に組織が大失敗した場合、リーダーシップ（の欠如）に対して情け容赦ない批判が浴びせられることになります。

　バーナードは、協働の成果はリーダーシップの成果ではなくて、全体としての組織の成果であると述べています。しかし同時に、リーダーシップは協働になくてはならない"起爆剤"であるとしてその重要性を力説しています。

　かかるリーダーシップには2つの側面があることをバーナードは指摘しています。第1は開発が比較的容易な「技術的側面」、つまり体力、技能、技術、知覚、知識、記憶、想像力における卓越性の側面です。第2は開発が比較的困難な「道徳的側面」、つまり決断力、不屈の精神、耐久力、勇気における卓越性の側面です。前者が積極的な行為に必要であるのに対し、後者は人がどんなことをしないかという事実から最もよく推察されるとバーナードは述べています。

　清水龍瑩は、人が何をするかではなく、何をしないかによって測られる能力ないしは資質のことを「品性」と名づけています。品性とは正反対の資質がアグレッシブさですが、アグレッシブさは中小企業にのみ通用します。とくに安定期にある大企業の経営者には品性が強く求められます。品性は、経営者の自らを抑制しようとする内省・努力によりますが、それが

可能となるのは、幼少期の家庭での躾、社会に出てからの厳しい評価といった経験の賜物であると清水は説いています。

『ビジョナリーカンパニー②飛躍の法則』で、著者のコリンズは、最高位のリーダーはきわめて謙虚であり、決して金融街が持ち上げるようなカリスマ的英雄ではないことを示しました。コリンズによれば、経営者の能力は第一水準から第五水準までの五段階に分かれます。第一水準から第四水準までの特徴は以下のとおりです。

①**第一水準** 「有能な個人」と認定される水準で、才能、知識、スキル、勤勉さによって生産的な仕事をします。

②**第二水準** 「チームに貢献する個人」と認定される水準で、集団目標の達成のために自分の能力を発揮し、集団の中で他の人たちとうまく協力します。

③**第三水準** 「有能な管理者」と認定される水準で、人と資源を組織化し、決められた目標を効率的かつ効果的に追求します。

④**第四水準** 「有能な経営者」と認定される水準で、明確で説得力のあるビジョンへの支持と、ビジョンの実現に向けた努力を生み出し、これまでより高い水準の業績を達成するよう組織に刺激を与えます。

最高位すなわち第五水準のリーダーは謙虚であると述べましたが、正確には個人としての謙虚さと職業人としての意思の強さという矛盾した性格をあわせ持っています。一方で彼らは個人として謙虚です。周囲からは、物静か、控えめ、謙虚、無口、丁寧、飾らないといった人物評が出てきます。しかし、彼らに「無私の」とか「奉仕型（サーバント）」とかいった言葉は似つかわしくありません。なぜならば、第五水準のリーダーは他方で、極端なまでの不屈の精神、禁欲的なまでの決意によって、偉大な企業に飛躍させるために必要なことは何であれ実行する姿勢をとり続けるからです。

第五水準のリーダーになりうる生え抜きの人材を看過して、派手なセレブ経営者を外部から招聘しているとしたらもったいないことです。

分析ツール6　人的資源管理

使用目的	人事施策が相互に補完し合っているか、戦略実現に寄与しているかをチェックする

　企業が財／サービスといったアウトプットを生産するためには、まずもってインプットとしての資源が必要です。企業の４大資源といえば「ヒト・モノ・カネ・情報」です。これらのうち、ヒトという資源すなわち「人材」の獲得（採用）、配分（異動と配置）、構築（育成）、査定（業績評価）などについての諸施策を計画し、実行し、点検するプロセスが人的資源管理（Human Resource Management；HRM）です。

　かつては、ヒトに関する管理は人事管理または労務管理と称されていました。旧来の人事・労務管理活動は、体系化されていたというよりも、ヒトに関して発生したさまざまな問題やニーズに対して後追い的に、その都度反応してきたきらいがあります。一方、HRMが単なるラベルの貼り替えでなければ、それは組織成果とのつながりを明示的に考慮した、計画的な人的資源の展開を志向したものであるといえます。

　HRMはポーターのバリューチェーンにおけるサポート活動の１つです。企業において、サポート活動としてのHRMに従事するスタッフ部門が人事部です（人事・労務管理からHRMへという変化を反映して、「人事部」に代わる名称が用いられていることもあります）。ウルリッチは、競争力のある組織を構築するという観点から、今後の人事部に求められる４つの役割を識別しました。

①**戦略パートナー**　HRMと事業戦略を統合し、経営戦略を実現する

②**管理エキスパート**　組織内の制度や仕組みを整備し、効率を高める

③**従業員のチャンピオン**　従業員の声に耳を傾け、ライン管理者と連携して人材育成に力を入れる

④**変革推進者**　経営理念の浸透と共有を促進し、人材育成を通じて変革された組織を生み出す

①の戦略パートナーとしての役割の提案には、HRM職能が事業戦略の形成プロセスに参画するとともに、事業戦略をHRMの重要なアクションに具体化していかなければならないという期待が込められています。これは、HRMをさらに一歩推し進めた戦略的人的資源管理（Strategic Human Resource Management；SHRM）という考え方につながります。

　SHRMの議論においては、組織成果を高めるうえで、戦略とHRMとの整合性（垂直適合）、およびさまざまなHRM施策の間の整合性（水平適合）が重要であるとされます。フェファーの考え方にしたがって、そうした整合性や一貫性を以下の要領で診断してみましょう。

ステップ１：戦略の明確化　自社の事業戦略を明らかにします。つまり「市場でどのように戦うか」「競争に勝つために、顧客にどのような価値を提供するか」という問いに答えます。

ステップ２：戦略実現に必要なスキルと姿勢の明確化　たとえば顧客サービスの拡充が戦略なら、知性、好奇心、サービス精神などの能力が不可欠です。できるだけ多くの項目を列挙し、そこから最も重要だと思われる項目を６～７個選び出します。

ステップ３：人事制度などの経営実践の把握　採用や選抜、人材開発、給与体系などの人事制度の他、組織構造、職場のレイアウトや設備といった経営実践を詳しく検討します。

ステップ４：一貫性のチェック　ステップ３で取り上げた経営実践に一貫性があるかどうかを、マトリックスを用いてチェックします。ステップ２で選び出された能力項目と経営実践とをクロスさせることで外的一貫性（垂直適合）を、経営実践を相互に見比べることで内的一貫性（水平適合）を確かめます。

　フェファーは、一貫した経営実践が確立していれば、たとえトップが交代しても生産性は実質的に変わらないはずだと述べています。企業に必要なのは１人または数人の幹部による英雄的な決断や行動力ではなく、企業全体としての高い組織力や優れた発想力なのです。

第9章
分析ツール：戦略

　本章では、戦略論の観点からケースを分析する際に使う代表的な分析手法を紹介します。戦略論の分析ツールは、全社的視点および事業レベルの視点から、戦略決定に必要な要素を明確化するのに役立ちます。代表的分析ツールは以下の7点です。

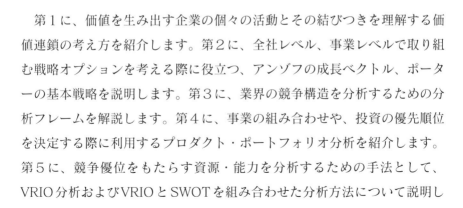

① 価値連鎖（バリューチェーン）分析
② 戦略代替案（アンゾフの成長ベクトル、ポーターの基本戦略）
③ 業界構造分析のフレームワーク
④ プロダクト・ポートフォリオ分析
⑤ VRIO による資源分析のフレームワーク
⑥ SWOT と VRIO を組み合わせた分析方法
⑦ グローバル戦略の類型

　第1に、価値を生み出す企業の個々の活動とその結びつきを理解する価値連鎖の考え方を紹介します。第2に、全社レベル、事業レベルで取り組む戦略オプションを考える際に役立つ、アンゾフの成長ベクトル、ポーターの基本戦略を説明します。第3に、業界の競争構造を分析するための分析フレームを解説します。第4に、事業の組み合わせや、投資の優先順位を決定する際に利用するプロダクト・ポートフォリオ分析を紹介します。第5に、競争優位をもたらす資源・能力を分析するための手法として、VRIO分析およびVRIOとSWOTを組み合わせた分析方法について説明し

ます。最後に、組織のグローバル化にともなう現地と本社の最適な関係を
考えるフレームワークとしてグローバル戦略の類型を紹介します。

分析ツール1　価値連鎖（バリューチェーン）分析

使用目的	価値を生み出す企業の個々の活動とその関連性を理解する

　価値連鎖の価値は、顧客が製品・サービスに対して進んで支払う金額と定義されます。つまり、顧客が製品・サービスに対し価格以上の便益を感じて支払う代金のことです。企業の側から見ると、製品・サービスの対価が支払われるとき、価値を獲得していることになるわけです。

　企業は、製品・サービスを顧客価値に反映させようと努力しています。しかし、価値を生み出すにはコストがかかりますから、企業が利益を得るためには、コストを超える価値を生み出すことが必要となります。このように、企業の価値創出活動とそれに関わるコストの観点から企業を分析するモデルが価値連鎖です。

　価値連鎖は、企業が原材料を獲得し、製品・サービスを販売するまでの様々な活動を通じて価値を付加していくプロセスとしてとらえられます。図9-1に示すように、価値連鎖の基本モデルでは、企業活動が主活動と支援活動に分類されている点に注意してください。主活動は、資源の調達から販売にいたるオペレーションに直接関わる活動であり、購買物流、製造、出荷物流、販売・マーケティング、サービスからなります。支援活動は、主活動をサポートしていく活動であり、全般管理（インフラストラクチャー）、人事・労務管理、技術開発、調達活動からなります。

　企業は、価値連鎖の基本モデルにそって自社の活動を分解することで、価値を生み出す活動を明確化することができるのです。また、各活動が生み出す価値の大きさおよび、それにかかるコストを明らかにすることもできます。

　このような価値連鎖の分析から、企業はこれまで以上に高い価値を創出する方法および低コスト化が可能な活動を考えることができます。また、活動の重要度に応じて、どの活動をアウトソーシングするか、またはインソーシングするかの決定基準として利用することもできます。さらに、同

業他社の価値連鎖と比較することで、自社の強みや弱みを理解し、問題解決の指針とすることも可能です。

図9-2は、ある複写機メーカーの価値連鎖ですが図9-1の基本形のそれぞれの活動項目にしたがい、活動を細分化して提示しています。

図9-1　価値連鎖の基本モデル

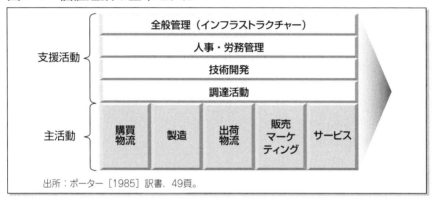

出所：ポーター［1985］訳書、49頁。

図9-2　ある複写機メーカーの価値連鎖

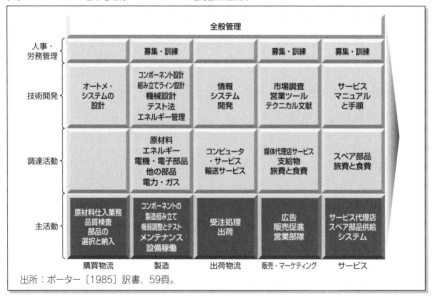

出所：ポーター［1985］訳書、59頁。

使用目的	全社レベル、事業レベルで取り組む戦略オプションを理解する

　企業の戦略は、全社レベルの戦略と事業レベルの戦略に分けることができます。ここでは、全社レベルの成長戦略を策定する際に使用されることの多いアンゾフの「製品・市場マトリックス」と、各事業領域における競争手段を検討する際に利用されるポーターの「基本戦略」を説明します。

1．アンゾフの「製品・市場マトリックス」

　製品・市場マトリックスは、製品と市場がそれぞれ既存のものか新しいものかという基準を使い、図9-3のように、市場浸透、市場開発（地域開発、用途開発）、製品開発、多角化の4つの成長戦略に区別されます。

図9-3　アンゾフの「製品・市場マトリックス」

出所：アンゾフ［1965］訳書、137頁。

　第1に市場浸透戦略は、既存製品の未利用者への販売および購入規模や販売頻度を拡大する戦略です。第2に市場開発戦略は、既存製品の新しい用途先の開発および、異なる地域市場に向けて既存製品を販売していく戦略です。第3に製品開発戦略は、新しい製品ラインの追加により既存需要を拡大する戦略です。最後に、多角化戦略は、新製品をこれまで参入していなかった市場に導入する戦略です。多角化には、既存の技術や流通経路を利用した関連型の多角化、および従来とは異なる技術や流通経路を使っ

た非関連型の多角化があります。

ポーターの基本戦略は、競争優位の源泉（低コスト、差別化）と競争範囲（業界全体、業界の一部）の観点から、コスト・リーダーシップ、差別化、コスト集中、差別化集中の４つの戦略に区別することができます（図9-4）。

コスト・リーダーシップは、業界の中で最低コスト地位を追求する戦略です。この戦略は、規模の経済、範囲の経済および経験効果を通じて達成することができます。差別化は、業界の広い範囲でユニークな差別的特徴を追求する戦略であり、製品レベル、生産レベル、マーケティングレベル等で他社とは異なる特徴を打ち出すことで達成されます。集中戦略は、業界内の狭い範囲で差別化（差別化集中）およびコスト優位を追求する戦略（コスト集中）です。製品タイプや顧客タイプ、活動地域等を絞り込むことで、大企業との直接の競争を避け、特殊化した市場に根づくことができます。

図9-4　ポーターの基本戦略

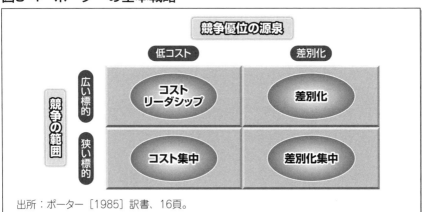

出所：ポーター［1985］訳書、16頁。

このように戦略オプションを理解することで、企業は、自社が取り組むべき戦略を、成長方法と競争手段の観点から認識することができ、バランスのとれた戦略を考えることができます。

分析ツール3　業界構造分析のフレームワーク

使用目的	当該事業における業界の競争構造を分析する

　業界構造分析とは、企業が事業を営むために参入している「業界」がどのような状況にあるかを検討するためのツールです。通常、競争が激しければ収益性が低くなり、競争が緩やかであれば収益性が高くなる傾向にあります。業界構造分析は、「業界」における競争の激しさと、それにともなう収益性を評価することを目的としています。この分析では、事業の収益性に影響を与える要因を以下の5つに分類し、総合的な「業界」の競争状況を検討します（図9-5）。一般的に、新規参入が容易で、代替品の脅威があり、売り手や買い手の交渉力が強く、競争が激しくなるほど、収益性は低下します。

　以下では、これら5つの要因について説明します。

図9-5　業界構造分析

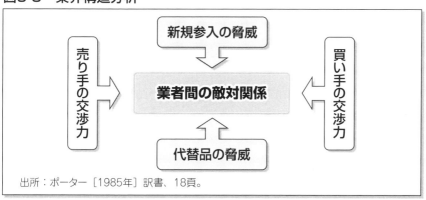

出所：ポーター［1985年］訳書、18頁。

①**業者間の敵対関係**　業界内に存在する競争相手の数が多いほど、同程度の規模の会社がひしめいているほど、競争が厳しくなります。また、業界の成長速度の遅いときや、ブランドが確立されていないときも、競争が厳しくなる傾向にあります。さらに、固定費の割合が高いと、そのこ

とが「撤退障壁」となり、競争が泥沼化する危険性があるので注意しなければなりません。

②**新規参入の脅威**　「参入障壁」が低く新規参入が容易であれば、競争は激化します。そのため、参入障壁を高くすることが、競争状況を緩和するために重要となります。参入に際しての初期投資額や、顧客の取引先変更にかかるコスト（スイッチング・コスト）が大きければ、参入障壁が高くなります。また、さまざまな規制が設けられている場合や、既存企業からの反撃可能性が高い場合も参入が抑えられます。

③**代替品の脅威**　代替品とは、「異なる技術や方法で同一ニーズを満たす製品」を指しますが、代替品の脅威が存在するかどうかは、「価格性能比」の高い製品が業界の外にあるかどうかによって決まってきます。たとえば、代替品の急速な技術進化による性能アップ、または代替品の価格低下は脅威を高めることになりますので注意が必要です。

④**買い手の交渉力**　製品の価格や品質に対する買い手の交渉力の強さが、競争に影響を及ぼします。たとえば、買い手が集中し購買量が多いとき、また買い手の価格感受性が高いときに買い手の交渉力が強くなります。購入する製品の差別化が進んでいないとき、取引先変更に際してのスイッチング・コストが小さいときにも、買い手の交渉力が強くなります。さらに、買い手の当該市場への参入の意思や、買い手の持っている情報の大きさも交渉力を左右します。

⑤**売り手の交渉力**　価格や品質に関する売り手との交渉によって買い手側のコストが増加するとき、売り手は交渉力上強い立場にあるといえます。たとえば、売り手の業界に少数の有力な企業が存在するとき、取引先変更に際してのスイッチング・コストが小さいときには、売り手の交渉力が強くなるといえます。売り手にとっての買い手の顧客としての重要性や、売り手が当該製品市場に参入する意思の有無によっても、売り手の交渉力は変わってきます。

分析ツール4 プロダクト・ポートフォリオ分析

使用目的	事業の組み合わせや、投資の優先順位を決定する際に利用する

1. BCGのプロダクト・ポートフォリオ

　プロダクト・ポートフォリオとは、BCG（ボストン・コンサルティング・グループ）によって開発された分析手法です。この手法では、図9-6に示したように、市場の成長率（事業の魅力度）と、市場シェア（競争上の優位性の評価）を軸としたマトリクス上に各事業を布置し、事業の組み合わせを考え、投資の意思決定を行います。以下では、プロダクト・ポートフォリオにおける4つのカテゴリーについて説明しましょう。

　「金のなる木」に入るのは、成長率は低いが、高いシェアを誇る事業です。この事業は、安定した収益を上げることができますが、事業のライフサイクルは成熟期にあります。したがって、このカテゴリーへの投資額は、最低限度にとどめて収益を維持・確保し、他の事業に回すことが定石です。

　「花形」に入るのは、成長率も高く、シェアも高い事業です。成長期にあるこのカテゴリーの事業に対しては、現在のシェアを維持するために投資を行い、将来の「金のなる木」に育成することが重要となります。

　「問題児」に位置するのは、成長率は高いがシェアは低い事業です。市場が成長期にあるこのカテゴリーの事業に対しては、シェアを拡大し「花形」「金のなる木」に育てるために積極的な投資を行うか、あるいは、今のうちに撤退するかのいずれかを選択することになります。

　「負け犬」に入るのは、成長率が低く、シェアも低い事業です。市場の拡大も望めず、シェアも小さいこのカテゴリーの事業は、撤退（閉鎖・売却）することが一般的な選択となります。

2. GEのビジネス・スクリーン

　ビジネス・スクリーンとは、BCGのプロダクト・ポートフォリオの限

界を克服するものとして、GE社とマッキンゼー社が開発した分析手法です。マトリクスの尺度を「業界の魅力度」と「事業の地位」として、それぞれ３段階に分けて各事業を評価します（図9-7）。「事業の魅力度」は、市場の規模、成長率、産業の収益性、インフレ率、海外市場の重要性などに関する指標によって評価され、「事業の地位」は、市場における地位、競争上の地位、相対的収益性などの指標から評価されます。

　業界の魅力度が高く事業の地位が高いほど投資を増強し、業界の魅力度が低く事業の地位が低いほど投資を控え、利益の回収を目指します。つまり、マトリクスの左上ほど投資を増強し、右下ほど投資を控えて撤退・収穫戦略をとります。その間に位置する事業に対しては、事業ごとに「投資か撤退か」という選択的な投資判断を下します。

　ポートフォリオ分析の短所としては、①尺度が２つしかなく単純化されすぎる、②マトリクスでの分類が恣意的になる危険性がある、③みんなが同じ行動をとってしまう可能性がある、といった点も指摘されていますが、状況を整理するには有効なツールといえます。

図9-6 BCGのプロダクト・ポートフォリオ　　図9-7 GEのビジネス・スクリーン

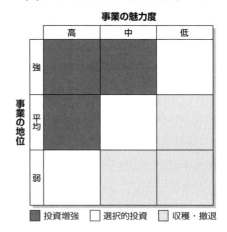

出所：水越 [2003] 136頁。

出所：坂本 [1997] 177頁。

分析ツール5 　VRIOによる資源分析のフレームワーク

使用目的	競争優位をもたらす資源・能力を分析する

1．VRIO分析

　優れた経営資源は、競争力の確保に貢献する組織独自の資源と考えられます。そのような資源が、どのような特徴を持っているかを位置づけながら当該資源の競争優位性を評価する方法として、バーニーが開発した「VRIO」のフレームワークがあります。4つの文字は、それぞれ競争優位に関わる資源の特徴を示しています。

①V（Value：**顧客価値**）　まず、経営資源が顧客価値を直接・間接に創造しているかどうかを評価します。顧客価値とは顧客満足に貢献する付加価値のことです。顧客価値を創造する資源は自社の強みとなりますが、逆に、顧客価値を生み出さない資源は「お荷物」となります。

②R（Rare：**希少性**）　次に①の評価基準を満たした顧客価値を創造する資源が業界内でまれな資源であるかどうかを評価します。どこからでも入手できる資源であれば、その資源を保有していたとしても競争業者に対する差別的優位性のベースにはなりません。しかし、1社のみ、あるいはごく少数の企業しか保有しておらず顧客価値を創造する資源であれば、差別的競争優位のベースになるといえます。

③I（difficult to Imitate：**模倣困難性**）　第3に、①、②の評価基準を満たした価値、希少性を持つ経営資源を、競合他社が模倣することが困難であるかどうかを評価します。顧客価値と希少性の条件を満たしていても、簡単に模倣される資源は「持続可能な」競争優位のベースとはなりません。模倣するのに長い時間や莫大なコストがかかるといった模倣困難性の条件を満たしてはじめて「持続的競争優位」（sustainable competitive advantage）が確保されるのです。

④O（Organization：組織）　最後に組織が顧客価値、希少性、模倣困難性に関わる資源を効果的・効率的に利用しているかどうかを評価します。いくら顧客価値、希少性、そして模倣困難性の３つの条件を満たした資源を保有していたとしても、組織がそれを適切に活用していなければ「宝の持ち腐れ」になります。組織がそれを活用してはじめて、持続的競争優位が「実現」できるのです。その意味で、顧客価値、希少性、模倣困難性を持つ資源は持続的競争優位のための必要条件にすぎません。組織の適切な活用が加わってはじめて十分条件になるといえます。

２．VRIO分析と競争優位

図9-8は、VRIOの観点からみた資源と競争優位の関係を表したものです。

　資源の特性評価と組織の資源活用度の評価を通じて、企業における独自の資源の発見や、不足している資源の認識、さらには、資源に適合した組織構造や管理システムを考えることができます。

図9-8　資源のVRIO分析と競争力の関係

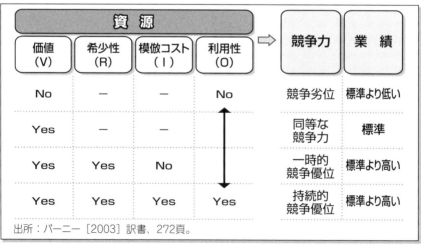

出所：バーニー［2003］訳書、272頁。

分析ツール6　SWOTとVRIOを組み合わせた分析方法

使用目的　事業領域の戦略立案をする

　SWOT分析とVRIO分析のフレームワークを利用すると、以下のような分析をすることも可能です。ここでは、既存事業領域と新事業領域に分けて分析を行います。

1．既存事業領域の分析手順

以下の手順にしたがって分析します。

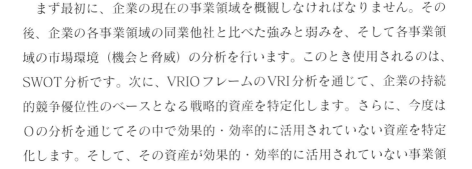

① 各事業ドメインのSWOT分析を行う
② 経営資源についてのVRIO分析を通じて、戦略的資産を抽出する
③ 戦略的資産が効率的・能率的に活用されていない事業領域の問題を具体的に特定する
④ それぞれの事業領域の戦略を立案する

　まず最初に、企業の現在の事業領域を概観しなければなりません。その後、企業の各事業領域の同業他社と比べた強みと弱みを、そして各事業領域の市場環境（機会と脅威）の分析を行います。このとき使用されるのは、SWOT分析です。次に、VRIOフレームのVRI分析を通じて、企業の持続的競争優位性のベースとなる戦略的資産を特定化します。さらに、今度はOの分析を通じてその中で効果的・効率的に活用されていない資産を特定化します。そして、その資産が効果的・効率的に活用されていない事業領域の問題をできるだけ多く挙げるのです。最後に、戦略的資産を効果的・効率的に活用するための経営戦略を立案します。

２．新規事業領域の分析手順

以下の手順にしたがって分析します。

① 企業の戦略的資産が活用できる新規事業領域を特定する

② 市場環境分析（OT分析）から有望事業領域を選定する

③ 企業の経営理念と整合する有望事業領域を選定する

④ それぞれの有望事業領域の戦略を立案する

　まず、企業の既存の戦略的資産が活用できる新規事業領域を特定化します。この場合、既存の事業領域にとらわれることなく、適用可能な領域をできるだけ広く考えることが必要です。次に、それぞれの事業領域の市場環境分析（OT分析）から有望事業領域を選定します。そして、選定された事業領域が、企業の経営理念と合致しているかどうかを判定します。最後に、優先順位の高い有望事業領域における具体的な事業戦略を立案します。

使用目的	グローバルに展開する経営戦略の方向性をとらえる

　グローバルな経営戦略を進めるにあたり、企業は世界規模での経済性の追求、または各国の機会やリスクに対応するための柔軟性の確保が求められます。加えて海外進出やその機会から学習を進め、成果を世界規模で活用していく必要に迫られることもあるでしょう。このような状況の中、バートレットとゴシャールによる多国籍企業の4類型は、グローバルに展開する戦略の特徴を整理しています。

①**グローバル戦略**　本国に経営資源や権限を集中させて、世界規模の効率性を追求しコスト優位性を確保します。つまり、R&D（研究開発）や製造などの活動が本国に集中することになります。その結果、グローバルな統合と規模の経済を通じて、標準化された価格競争力の高い商品を各国に供給することができます。しかし、各国のニーズに柔軟に対応できなくなる問題、および為替変動の影響をまともに受けるリスクがあります。

②**マルチナショナル戦略**　各国の消費者ニーズや産業特性、政府の規制など個別の違いに対応し、各国に裁量権を分散させてビジネスを展開します。つまり、商品開発や販売、サービスの提供などを柔軟に現地へ適応していく形になります。この結果、各国で自律的な経営を進めることができますが、世界規模での効率性の追求が難しくなること、また，各国で獲得した技能やナレッジが共有されにくくなることなどの問題があります。

③**インターナショナル戦略**　グローバル戦略とマルチナショナル戦略の中間に位置付けられる戦略です。基本的には本国に権限を集中させ技術革新を重視した戦略を展開しますが、必要な権限や資源を現地に移転するとともに、技術やナレッジなども各国へ拡散されます。この結

果、技術革新の推進による世界規模での学習が可能になり、売上拡大
やオペレーションの効率化を目指すことができます。

④**トランスナショナル戦略**　グローバル戦略、マルチナショナル戦略、
インターナショナル戦略では部分的な利益しか実現できないという問
題を克服し、効率、柔軟性、学習によるビジネスを同時に実行する戦
略です。組織的に複雑でかつ差別化された構造となりつつも、全体最
適を目指して資源と権限の集約、拡張、分散を図り、競争優位性を構
築していきます。

表9-1　グローバル戦略の類型

	グローバル企業	マルチナショナル企業	インターナショナル企業	トランスナショナル企業
戦略の目指す方向	世界規模の中央に集約された経営を通じてコスト優位性を築く	弾力的で、資源を備え、起業家精神を備えた各国支社を通じて、各国ごとの差異に対応する柔軟性を築く	世界規模の拡張と適用を通じて本社の知識と能力を開発する	世界規模の効率、柔軟性、世界規模の学習能力を同時に開発する
資産と能力の構成	中央集約化と世界規模の拡大	権限分散とかなりのレベルの自己充足性	重要なコンピテンシーの集約化とその他の分散化	拡散化、相互依存、専門化

出所：バートレット、ゴシャール［1988］（訳書）76頁を一部修正。

　多様性や複雑性が増していく世界情勢の中、グローバルに展開する企業
は先の４つの方向性に基づいて戦略を選択していくことが必要です。本社
に機能を統合することによって、オペレーションを効率化し、規模の経済
による強みを発揮していくことができます。逆に現地適合を通じて、市場
のニーズに的確に対応することで競争優位性を構築することもできます。
ただし、統合化と適合化はトレードオフの関係にあり、経済状況や業界の
魅力度によってその経営判断は分かれます。したがって、経営資源の配分
や機能配置をいかに最適化するかが重要な判断のカギとなります。

参考文献

第1章

Calkins, M. [2001] Casuistry and the business case method, *Business Ethics Quarterly*, Vol.11 Issue 2, pp.237-59.

Edge, A.G. and D.R. Coleman [1986] *The guide to case analysis and reporting*, 4th edition, Honolulu: System Logistics.

Kingley, L. [1982] The Case method as a form of communication, *Journal of Business Communication*, Vol. 19 Issue 2, pp.39-50.

Wallace, D.B. [1922] Business teaching by the case system, *American Economic Review*, Vol.12 Issue 1, pp.53-65.

第2章

Chapman, R. [1995] Current case study presentations in MBA marketing courses, *Marketing Education Review*, Vol.5 Issue 1, pp.53-59.

Edge, A.G. and D.R. Coleman [1986] *The guide to case analysis and reporting*, 4th edition, Honolulu: System Logistics.

Radding, A. [2002] The ultimate business presentation guide-Deliver your message with real impact-; www.technologywriter.com. (http://home.comcast.net/~alanradding/bizpres.pdf)

第6章

伊藤邦雄 [2020]『新・現代会計入門（第4版）』日本経済新聞社。

岡本清 [2000]『原価計算（第6版）』国元書房。

桜井久勝 [2020]『財務会計講義（第21版）』中央経済社。

広瀬義州 [2009]『財務会計（第9版）』中央経済社。

Edge, A.G. and D.R. Coleman [1986] *The guide to case analysis and reporting*, 4th edition, Honolulu: System Logistics.

Marshall, D.H., McManus, W.W. and D.F. Viele [2003] *Accounting: What the Numbers Mean*, 6th edtion, McGraw-Hill College.

第7章

グロービス経営大学院編 [2017]『グロービスMBAマーケティング（改訂3版第11刷）』ダイヤモンド社。

コトラー, P.・ケラー, K.L.（恩藏直人監修・月谷真紀訳）[2014]『コトラー＆ケラーのマーケティング・マネジメント（第12版）』丸善出版。

嶋口充輝・石井淳蔵 [1995] 現代マーケティング（新版)』有斐閣。

和田充夫・恩藏直人・三浦俊彦 [2006]『マーケティング戦略（第3版）』有斐閣。

第8章

伊丹敬之・加護野忠男［2003］『ゼミナール経営学入門〔第3版〕』日本経済新聞社。

ウルリッチ，D.（梅津祐良訳）［1997］『MBAの人材戦略』日本能率協会マネジメントセンター。

小野善生［2013］『最強の「リーダーシップ理論」集中講義』日本実業出版社。

岸田民樹［1986］「一般システム理論と組織論」『経済論叢』第137巻第1号、42-60頁。

コリンズ，J.C.（山岡洋一訳）［2001］『ビジョナリーカンパニー②飛躍の法則』日経BP社。

サイモン，H.A.（二村敏子・桑田耕太郎・高尾義明・西脇暢子・高柳美香訳）［1997］『【新版】経営行動』ダイヤモンド社。

桑田耕太郎・田尾雅夫［2010］『組織論〔補訂版〕』有斐閣。

榊原清則［2013］『経営学入門［上］〈第2版〉』日経文庫。

清水龍瑩［2000］『社長のリーダーシップ』千倉書房。

トンプソン，J.D.（大月博司・廣田俊郎訳）［2003］『行為する組織』同文舘出版。

野中郁次郎［1980］『経営管理』日経文庫。

バーナード，C.I.（山本安次郎・田杉競・飯野春樹訳）［1968］『新訳 経営者の役割』ダイヤモンド社。

フェファー，J.［1998］（佐藤洋一訳）『人材を活かす企業』翔泳社。

マーチ，J.G.・サイモン，H.A.（高橋伸夫訳）［1993］『オーガニゼーションズ第2版』ダイヤモンド社。

松山一紀［2015］『戦略的人的資源管理論』白桃書房。

眞野脩［1997］『講義 経営学総論』文眞堂。

ローレンス，P.R.・ローシュ，J.W.（吉田博訳）［1967］『組織の条件適応理論』産業能率短期大学出版部。

第9章

アーカー，D.A.（陶山計介他訳）［1994］『ブランド・エクイティ戦略』ダイヤモンド社。

アンゾフ，H.I.（広田寿亮訳）［1969］『企業戦略論』産業能率短期大学出版部。

池上重輔［2003］『図解 わかる！ MBA』PHP。

グロービス・マネジメント・インスティテュート［2002］『新版 MBAマネジメント・ブック』ダイヤモンド社。

坂本和一［1997］『新版 GEの組織革新』法律文化社。

バートレット，C.H.・ゴシャール，S.（梅津祐良訳）［1998］『MBAのグローバル経営』日本能率協会マネジメントセンター。

ポーター，M.E.（土岐坤他訳）［1982］『競争の戦略』ダイヤモンド社。

ポーター，M.E.（土岐坤他訳）［1985］『競争優位の戦略』ダイヤモンド社。

水越豊［2003］『BCG戦略コンセプト』ダイヤモンド社。

小樽商科大学ビジネススクール
（正式名称：小樽商科大学大学院商学研究科アントレプレナーシップ専攻）

　国立大学唯一の商学系単科大学である小樽商科大学が母体となり、2004年4月に創設された専門職大学院。MBA（経営管理修士）を取得できるプロフェッショナル・スクールとしては、東北・北海道圏で初めて認可され、2009年、2014年、2019年には財団法人大学基準協会が実施した経営系専門職大学院認証評価を得ている。

　小樽商科大学ビジネススクールの目的は、新規事業開発、組織改革、起業などを実現し得る課題の発見と解決能力を持ったビジネスリーダー、ビジネスイノベーターの育成である。カリキュラムでは、戦略・会計・財務・マーケティング・組織といった幅広い経営管理の基礎知識を身につけた上で「事例分析能力」と「計画作成能力」を高めることを重視している。
ホームページ：https://obs.otaru-uc.ac.jp

平成 16 年 5 月 25 日	初 版 発 行	
平成 21 年 1 月 23 日	初版 9 刷発行	
平成 22 年 4 月 10 日	改訂版発行	
令和 元 年 9 月 5 日	改訂版13刷発行	
令和 2 年 7 月 30 日	三訂版発行	《検印省略》
令和 6 年 9 月 10 日	三訂版 3 刷発行	略称—MBAケース（三）

MBAのためのケース分析
（三訂版）

編　者　ⒸⒸ小樽商科大学ビジネススクール
発行者　中　島　豊　彦

発行所　同 文 舘 出 版 株 式 会 社

東京都千代田区神田神保町1-41　　　　〒101-0051
電話 営業(03)3294-1801　　　　　　編集(03)3294-1803
　　　　　　　　　　　　　　　　　振替 00100-8-42935
　　　　　　　　　　　　　　　https://www.dobunkan.co.jp

Printed in Japan 2020　　　　　　　　　製版：一企画
　　　　　　　　　　　　　　　　　印刷・製本：萩原印刷

ISBN 978-4-495-37263-7